乡村人才振兴培训系列教材

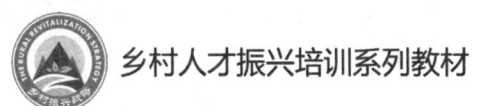

农民专业合作社财务核算与管理

吴玉平　唐俊杰　主编

中国农业科学技术出版社

图书在版编目（CIP）数据

农民专业合作社财务核算与管理 / 吴玉平，唐俊杰主编.—北京：中国农业科学技术出版社，2021.7

ISBN 978-7-5116-5367-3

Ⅰ.①农… Ⅱ.①吴… ②唐… Ⅲ.①农业合作社-专业合作社-财务管理-中国 Ⅳ.①F322

中国版本图书馆 CIP 数据核字（2021）第 115702 号

责任编辑	张志花
责任校对	马广洋
责任印制	姜义伟　王思文
出 版 者	中国农业科学技术出版社 北京市中关村南大街 12 号　邮编：100081
电　　话	（010）82106636（编辑室）　（010）82109702（发行部） （010）82109709（读者服务部）
传　　真	（010）82106631
网　　址	http://www.castp.cn
经 销 者	各地新华书店
印 刷 者	北京地大彩印有限公司
开　　本	140 mm×203 mm　1/32
印　　张	6.875
字　　数	165 千字
版　　次	2021 年 7 月第 1 版　2021 年 7 月第 1 次印刷
定　　价	32.00 元

◀━━ 版权所有·翻印必究 ━━▶

《农民专业合作社财务核算与管理》编委会

主　编：吴玉平　唐俊杰

副主编：张君媚　卢慧苏　邓丽芬　温兴趣
　　　　叶建东　徐　骥　白　洁

编　委：项有英　瞿存伟　朱国兴　何火娣
　　　　叶巧生　李叶佩　尤凤丹　谢会群
　　　　雷　燕　陈春英　张　靓

前　言

农民专业合作社是在农村家庭承包经营基础上,由农民自发组建起来的农民自己的合作组织,是农民专业合作经济组织中一种重要的组织形式。近年来,我国农民专业合作社的数量从无到有,从少到多,逐步发展起来。截至2019年10月,全国依法登记的农民专业合作社数量已达到220.3万家。尽管我国农民专业合作社发展速度明显加快,但依然存在着财务管理职能较弱、财务核算不够规范、财务会计人员业务素质有待提高等问题。在此背景下,为满足农民专业合作社生产经营活动中的会计核算需要,提升农民专业合作社财务管理人员的工作能力,特编写了《农民专业合作社财务核算与管理》一书。

本书结合农民专业合作社的实际情况,并以《中华人民共和国农民专业合作社法》《农民专业合作社财务会计制度(试行)》《会计基础工作规范》为主要依据,采用理论讲解与案例分析相结合的形式编写而成。本书分为八章,包括农民专业合作社会计核算概述、农民专业合作社资产核算、农民专业合作社生产成本核算、农民专业合作社负债核算、农民专业合作社所有者权益核算、农民专业合作社盈余实现及分配核算、农民专业合作社会计报表编制、农民专业合作社财务管理等。本书内容丰富、语言通俗、案例典型，具有较强的针对性和实用性。

由于编写时间仓促，再加上编者水平有限，书中难免存在不足之处，敬请广大读者批评指正，以便再版时修订和完善。

编 者

2021 年 2 月

目　　录

第一章　农民专业合作社核算概述 ·················· 1
第一节　农民专业合作社概述 ····················· 1
一、农民专业合作社的概念 ······················ 1
二、农民专业合作社的特征 ······················ 1
三、农民专业合作社的基本原则 ·················· 3
第二节　农民专业合作社会计岗位与核算要求 ······· 5
一、农民专业合作社的会计岗位 ·················· 5
二、农民专业合作社会计核算的内容 ·············· 7
三、会计核算资料的基本要求 ···················· 9
第三节　农民专业合作社会计基础 ·················· 10
一、基本的会计等式 ···························· 10
二、合作社会计科目和账户 ······················ 11
三、复式记账法 ································ 17
四、会计凭证、会计账簿和会计档案 ·············· 20

第二章　农民专业合作社资产核算 ················ 22
第一节　农民专业合作社固定资产核算 ·············· 22
一、固定资产概述 ······························ 22
二、购入固定资产的核算 ························ 23
三、自行建造固定资产的核算 ···················· 24

四、投资者投入的固定资产的核算 …………28
　　五、捐赠固定资产的核算 ……………………28
　　六、固定资产计提折旧的核算 ………………29
　　七、固定资产清理的核算 ……………………29
第二节　农民专业合作社流动资产核算 …………32
　　一、货币资金的核算 …………………………32
　　二、应收款项的核算 …………………………37
　　三、存货的核算 ………………………………40
第三节　农民专业合作社无形资产核算 …………49
　　一、无形资产概述 ……………………………49
　　二、无形资产的核算 …………………………52
第四节　农民专业合作社农业资产核算 …………58
　　一、农业资产概述 ……………………………58
　　二、牲畜（禽）资产的核算 …………………59
　　三、林木资产的核算 …………………………66
第五节　农民专业合作社对外投资核算 …………73
　　一、对外投资核算概述 ………………………73
　　二、对外股权投资的核算 ……………………76
　　三、对外债权投资的核算 ……………………77
　　四、实物资产对外投资的核算 ………………78

第三章　农民专业合作社生产成本核算 …………80
第一节　生产成本核算概述 ………………………80
　　一、成本核算的概念 …………………………80
　　二、成本核算的特点 …………………………81
　　三、成本核算的要求 …………………………82

四、成本核算的方法 ································· 84
第二节　种植业的成本计算 ····························· 86
　　一、一年生农作物产品成本计算 ····················· 87
　　二、多年生农作物产品成本计算 ····················· 90
第三节　养殖业的成本计算 ····························· 92
　　一、畜牧业产品成本计算 ··························· 93
　　二、渔业产品成本计算 ····························· 95
第四节　生产成本的核算 ······························· 96
　　一、生产领用物资的核算 ··························· 97
　　二、分配工资费用 ································· 97
　　三、分配机耕服务费用 ····························· 98
　　四、生产成本结转 ································· 98

第四章　农民专业合作社负债核算 ······················· 100
第一节　负债概述 ····································· 100
　　一、负债的概念 ··································· 100
　　二、负债的分类 ··································· 101
　　三、负债的计价 ··································· 101
　　四、负债的管理 ··································· 101
第二节　流动负债的核算 ······························· 102
　　一、短期借款的核算 ······························· 103
　　二、应付款的核算 ································· 105
　　三、应付工资的核算 ······························· 107
　　四、应付盈余返还的核算 ··························· 115
　　五、应付剩余盈余的核算 ··························· 118

第三节 长期负债的核算 …………………………………120
  一、长期借款的核算 ………………………………120
  二、专项应付款的核算 ……………………………122

第五章 农民专业合作社所有者权益核算 …………………124
第一节 合作社所有者权益概述 ……………………………124
  一、所有者权益概念 ………………………………124
  二、所有者权益的构成内容 ………………………124
第二节 股金的核算 …………………………………………126
  一、成员入股的核算 ………………………………127
  二、成员退股的核算 ………………………………130
  三、股金转换的核算 ………………………………131
第三节 资本公积的核算 ……………………………………132
  一、股本溢价的核算 ………………………………132
  二、对外投资资产增值的核算 ……………………133
  三、转增股本的核算 ………………………………134
第四节 专项基金的核算 ……………………………………134
  一、财政直接补助资金的核算 ……………………134
  二、他人捐赠资金的核算 …………………………135
  三、专项基金使用核算 ……………………………136
第五节 盈余公积的核算 ……………………………………136
  一、盈余公积核算设置会计科目 …………………137
  二、盈余公积会计核算 ……………………………137
第六节 未分配盈余的核算 …………………………………138
  一、合作社盈余分配的内容 ………………………138
  二、未分配盈余的核算 ……………………………140

第六章 农民专业合作社盈余实现及分配核算 ……………141
第一节 合作社盈余、收入与支出 ……………………141
一、合作社盈余 ……………………………………141
二、合作社收入 ……………………………………144
三、合作社支出 ……………………………………147
第二节 合作社盈余实现核算实务 ……………………147
一、合作社盈余实现核算设置会计科目 ……………147
二、合作社盈余实现会计核算 ………………………148
第三节 农民专业合作社的盈余分配 …………………149
一、盈余分配的程序 …………………………………149
二、盈余分配的核算 …………………………………150

第七章 农民专业合作社会计报表编制 ………………156
第一节 会计报表概述 …………………………………156
一、会计报表的种类 …………………………………156
二、会计报表编报要求 ………………………………157
三、会计报表编制前的准备工作 ……………………157
第二节 资产负债表 ……………………………………158
一、什么是资产负债表 ………………………………158
二、资产负债表的作用 ………………………………160
三、资产负债表的内容和编制 ………………………161
第三节 盈余及盈余分配表 ……………………………164
一、什么是盈余及盈余分配表 ………………………164
二、盈余及盈余分配的作用 …………………………165
三、盈余及盈余分配表的内容和编制 ………………166

第四节　成员权益变动表和财务状况说明书 ·················· 167
　一、成员权益变动表 ·· 167
　二、成员账户 ·· 169
　三、财务状况说明书 ·· 171
第五节　收支明细表和科目余额表 ···································· 172
　一、收支明细表 ·· 172
　二、科目余额表 ·· 173

第八章　农民专业合作社财务管理 ·································· 177
第一节　资产管理 ·· 177
　一、流动资产管理 ·· 177
　二、长期资产管理 ·· 179
　三、资产盘点管理 ·· 183
第二节　负债管理 ·· 183
　一、流动负债管理 ·· 184
　二、长期负债管理 ·· 184
第三节　所有者权益管理 ·· 185
第四节　收入与成本费用管理 ·· 186
　一、收入管理 ·· 186
　二、成本费用管理 ·· 187
第五节　盈余分配管理 ·· 188
第六节　合作社成员账户管理 ·· 189

参考文献 ·· 191
附录　《中华人民共和国农民专业合作社法》 ············ 192

第一章 农民专业合作社核算概述

第一节 农民专业合作社概述

一、农民专业合作社的概念

2018年7月1日起施行的《中华人民共和国农民专业合作社法》（以下简称《农民专业合作社法》）对农民专业合作社的概念做了规定，即农民专业合作社是在农村家庭承包经营基础上，农产品的生产经营者或者农业生产经营服务的提供者、利用者，自愿联合、民主管理的互助性经济组织。这个定义清楚地表明，作为该法调整对象的农民专业合作社，应当具有以下基本要素：第一，坚持农村家庭承包经营制度；第二，以具有农村土地承包经营权的农民为主体；第三，围绕某类农产品或者某类服务而组织起来，实现成员共同经济目的，这里强调"同类"就是专业，是遵循合作制原则，自愿联合、民主管理、互惠互利的互助性经济组织。

二、农民专业合作社的特征

我国农民专业合作社与以公司为代表的企业法人一样，是独立的市场经济主体，具有法人资格，享有生产经营自主权，受法律保护，任何单位和个人都不得侵犯其合法权益，其特征如下所述。

1. 农民专业合作社是建立在农村家庭承包经营基础之上的

农民专业合作社区别于农村集体经济组织，是由依法享有农村土地承包经营权的农村集体经济组织成员，即农民为主体，自愿组织起来的新型合作社。加入农民专业合作社不改变家庭承包经营方式。

2. 农民专业合作社是一种经济组织

近年来，我国各类农民合作经济组织发展很快，并呈现出多样性，如农民专业技术协会、农产品合作社、农产品行业协会等，这些组织在提高农业生产的组织化程度、推进农业产业化经营和增加农民收入等方面发挥了积极的作用。这些组织在组织形式、运行机制、发展模式以及服务内容和服务方式上具有不同特点，有的已有相关法律、行政法规予以规范。因此，《农民专业合作社法》只调整各类合作经济组织中的一种，即农民专业合作社，只有从事经营活动的实体型农民合作经济组织才是农民专业合作社，那些只为成员提供技术、信息等服务，不从事营利性经营活动的农民专业技术协会、农产品行业协会等不属于农民专业合作社，不是《农民专业合作社法》的调整对象。

3. 农民专业合作社是自愿和民主的经济组织

任何单位和个人不得违背农民意愿，强迫他们成立或参加农民专业合作社；同时，农民专业合作社的各位成员在组织内部地位平等，并实行民主管理，在运行过程中应当始终体现"民办、民有、民管、民受益"的精神。

4. 农民专业合作社是专业的经济组织

农民专业合作社以同类农产品的生产或者同类农业生产经营服务为纽带,来实现成员共同的经济目的,其经营服务的内容具有很强的专业性。这里所称的"同类",是指以《国民经济行业分类》规定的小类的分类标准为基础,提供该类农产品的销售、加工、运输、贮藏、农业生产资料的购买,以及与该类农业生产经营有关的技术、信息等服务。例如,可以是种植专业合作社,也可以是更具体的葡萄种植、柑橘种植等专业合作社。

5. 农民专业合作社是具有互助性质的经济组织

农民专业合作社是以成员自我服务为目的而成立的,参加农民专业合作社的成员,都是从事同类农产品生产、经营或提供同类服务的农业生产经营者,目的是通过合作互助提高规模效益,完成单个农民办不了、办不好、办了不合算的事。这种互助性特点,决定了它以成员为主要服务对象,决定了"对成员服务不以营利为目的"的经营原则。

三、农民专业合作社的基本原则

1. 成员以农民为主体

为坚持农民专业合作社为农民服务的宗旨,发挥农民专业合作社在解决"三农"问题方面的作用,使农民真正成为农民专业合作社的主人,有效地表达自己的意愿,并防止他人利用、操纵合作社,《农民专业合作社法》规定,农民专业合作社的成员中,农民至少应当占成员总数的80%,同时对农民专业合作社中企业、事业单位及社会团体成员的数量进行了限制,即成员总数20人以下的,可以有1个企业、事业单位或社会团体成员;成员总数超过20人的，企业、事业单位或社会团体成员不得超过成员总数的5%。

2. 以服务成员为宗旨，谋求全体成员的共同利益

农民加入农民专业合作社后，可以享受到专业性的生产服务，更好地发展生产。农民专业合作社将分散农户组织起来，扩大了规模，改变了单个农户的市场弱势地位。农民专业合作社为成员服务时，必须坚持谋求全体成员的共同利益。无论是农民成员还是企业等团体成员，加入农民专业合作社都是为了享受到农民专业合作社提供的服务。农民专业合作社以同类农产品或者同类农业生产服务为纽带将成员组织起来，本质上是成员的共同利益的联合体，这种共同利益是成员间进行合作开展一致行动的基础。只有谋求共同利益，才能保证全体成员的利益最大化，实现每一个成员加入农民专业合作社的目的。

3. 入社自愿、退社自由

凡是具有民事行为能力的公民，能够利用农民专业合作社提供的服务，承认并遵守农民专业合作社章程，履行章程规定的入社手续的，都可以成为农民专业合作社的成员。成员可以自愿加入一个或多个农民专业合作社，也可以自由退出农民专业合作社。退出的，农民专业合作社应当按照章程规定的方式和期限，退还记载在该成员账户内的出资额和公积金份额，并将成员资格终止前的可分配盈余，依法返还成员。

4. 成员地位平等，实行民主管理

为保护农民成员的民主权利和经济利益，《农民专业合作社法》从农民专业合作社的组织机构和保证农民成员对本社的民主管理两个方面作了规定。首先，健全农民专业合作社的组织机

第一章 农民专业合作社核算概述

构。农民专业合作社必须设立成员大会或者成员代表大会，并按照法律和章程规定召开会议。农民专业合作社必须设理事长，理事长为本社的法人代表，也可以根据自身需要设立理事会、执行监事或者监事会。其次，由成员通过法律规定的民主程序，直接控制本社的生产经营活动，保证农民成员对本社的民主管理。

5. 盈余主要按照成员与农民专业合作社的交易量（额）比例返还

盈余分配方式的不同，是农民专业合作社与其他经济组织的重要区别。为了体现盈余主要是按照成员与农民专业合作社的交易量（额）比例返还的基本原则，保护一般成员和出资较多成员两个方面的积极性，《农民专业合作社法》规定，在弥补亏损、提取公积金后的当年盈余，为农民专业合作社的可分配盈余。

可分配盈余按照下列规定返还或者分配给成员，具体分配办法按照章程规定或者经成员大会决议确定：首先，按成员与本社的交易量（额）比例返还，返还总额不得低于可分配盈余的60%；其次，按前项规定返还后的剩余部分，以成员账户中记载的出资额和公积金份额，以及本社接受国家财政直接补助和他人捐赠形成的财产平均量化到成员的份额，按比例分配给本社成员。

第二节 农民专业合作社会计岗位与核算要求

一、农民专业合作社的会计岗位

农民专业合作社的会计工作岗位主要有会计主管人员、出纳人员及会计核算人员。

1. 会计主管人员

会计主管人员的岗位职责主要是：具体领导合作社财务会计工作；组织编制本合作社的各项财务、成本计划；组织开展财务成本分析；审查或参与拟定经济合同、协议及其他经济文件；参加生产经营管理会议，参与经营决策；参与会计人员的任免和调动；负责登记总账；编制会计报表；审查财务成本计划；审查各项财务收支；复核会计凭证和会计报表；负责管理会计凭证和会计报表。

2. 出纳人员

出纳人员的岗位职责主要是：按照国家有关现金管理的暂行规定和银行结算制度的规定，办理现金收付和银行结算业务；严格审核有关现金和银行存款业务的原始凭证，依据原始凭证编制收、付款凭证，然后根据收、付款凭证逐笔顺序登记现金日记账和银行存款日记账，并将余额与实物进行核对；随时查询银行存款余额，不准签发空头支票，不准出租出借银行账户；保证库存现金和各种有价证券的安全与完整；按照国家外汇管理和结汇、购汇制度的规定进行外币买卖、办理结汇购汇；保管好有关印章、空白收据和空白支票。出纳人员不得兼任与现款收付相关的收入、费用、债权债务的登记以及会计稽核和会计档案的保管工作。在不违反相关规定的前提下，出纳人员可以承担部分会计核算岗位的工作，如工资核算、固定资产核算。

3. 会计核算人员

会计核算人员的岗位职责主要是：进行固定资产、林木资产、牲畜（禽）资产、库存物资、工资、成本、资金及往来结算明细核算；协助进行财产清查；审核相关会计凭证。

二、农民专业合作社会计核算的内容

农民专业合作社在从事相关的生产经营和业务活动中，会产生各种各样的经济业务事项。经济业务事项一般包括经济业务和经济事项两类。其中，经济业务是指农民专业合作社与其他经济组织和个人之间发生的各种经济利益交换，如农产品销售、林木产品销售、产役畜或禽产品销售；而经济事项是指在农民专业合作社内部发生的具有经济影响的各类事件，如计提固定资产折旧。按照《中华人民共和国会计法》（2018年修正）规定，下列经济业务事项应当办理会计手续，进行会计核算。

1. 款项和有价证券的收付

款项是指作为支付手段的货币资金，一般包括库存现金、银行存款以及其他视同库存现金和银行存款使用的外埠存款、银行汇票存款、银行本票存款、在途货币资金、信用证存款和各种备用金等；有价证券是指表示一定财产拥有权或支配权的证券，如国债、股票、公司债券、金融债券和基金等。款项和有价证券是农民专业合作社中流动性（快速变成现钱的能力）最强的资产，因而在会计核算中容易出现这样那样的问题。加强对款项和有价证券的管理和控制非常重要。

2. 财物的收发、增减和使用

财物是农民专业合作社财产物资的简称，一般包括：种子、化肥、燃料、农药、原材料、机械零配件、低值易耗品、在产品、农产品和工业产成品等流动资产；牲畜（禽）资产和林木资产等农业资产；购买股票、债券、基金或投出货币、实物、无形资产而形成的对外投资；房屋、建筑物、农用机械、运输工具等固定资产；专利权、专有技术、商标权等无形资产。财产物资的价值一般较大，若出现问题会直接影响农民专业合作社生产经营活动的正常进行。因而，必须加强财物收发、增减和使用环节的管理与核算，维护正常的生产经营秩序。

3. 债权债务的发生和结算

债权是农民专业合作社收取款项的权利，一般包括各种应收和预付款项；债务则是农民专业合作社承担的、能够用货币计量的、需用财产或劳务偿付的义务，一般包括各种借款、应付和预收款项。作为农民专业合作社，要及时完整核算和反映债权债务情况，合理利用账期，并有效防止非法行为在债权债务环节的发生。

4. 资本、基金的增减

资本是指投资人投入农民专业合作社的本钱；基金是农民专业合作社按照法律法规的规定而设置或筹集的、具有特定用途的专项资金，即专款专用的钱。资本的核算必须按照有关法律法规的规定严格进行，确保投资人的利益不受侵犯；而基金则必须做到专款专用，不得截留或者改变既定的使用方向。

5. 收入、支出、费用、成本的计算

收入是指农民专业合作社在销售产品、提供劳务及让渡资产使用权等日常活动中形成的经济利益的总流入，如农产品销售收入；支出是指农民专业合作社正常经营活动以外的支出和损失，如支付的罚款；费用是指在销售产品和提供劳务等日常活动中发生的经济利益流出，包括成本和管理费用开支；成本是指农民专业合作社为了生产产品而发生的材料费用、生产人员工资费用、机器设备的折旧以及生产车间所发生的其他与产品生产有关的费用开支。

6. 财务成果的计算和处理

财务成果是指农民专业合作社一定时期内从事经营活动在财务上所取得的成果，具体表现为盈余或者亏损。财务成果的计算和处理一般包括盈余形成和盈余分配两个部分。财务成果的计算和处理涉及投资人、农民专业合作社、成员个人各方面的经济利益，农民专业合作社必须严格按照《农民专业合作社财务会计制度（试行）》的规定，正确计算处理财务成果。

7. 其他事项

其他事项是指除上述 6 项经济业务事项以外的，按照《农民专业合作社财务会计制度》规定应办理会计手续和会计核算的其他经济业务事项。

三、会计核算资料的基本要求

会计核算资料是指在会计核算过程中形成的、记录和反映农民专业合作社实际发生的经济业务事项的资料，包括会计凭证、会计账簿、会计报表和其他会计资料。会计资料是记录会计核算过程和结果的载体，是反映农民专业合作社的财务状况和经营成果、评价经营业绩、进行投资决策的重要依据。会计资料同时也是一种重要的社会信息资源。农民专业合作社的会计资料必须符合全国人大常委会 2018 年修订通过的《中华人民共和国会计法》的要求、符合财政部颁布的《农民专业合作社财务会计制度（试行）》的规定、符合财政部发布的《会计基础工作规范》的要求、符合国家档案局发布的《会计档案管理办法》的规定。

生成和提供虚假会计资料是一种严重的违法行为。农民专业合作社及其会计工作人员不得伪造、变造会计凭证、会计账簿和其他会计资料，不得提供虚假的会计报表。所谓伪造会计凭证、会计账簿及其他会计资料，是指以虚假的经济业务事项为前提编造不真实的会计凭证、会计账簿和其他会计资料；所谓变造会计凭证、会计账簿和其他会计资料，是指用涂改、挖补等手段来改变会计凭证、会计账簿及其他会计资料的真实内容，歪曲事实真相的行为，即篡改事实；所谓提供虚假会计报表，是指通过编造虚假的会计凭证、会计账簿和其他会计资料或直接篡改会计报表上的数据，使会计报表不真实、不完整地反映真实的财务状况和经营成果，借以误导、欺骗会计资料阅读者的行为，即以假乱真。

第三节　农民专业合作社会计基础

一、基本的会计等式

"资产＝负债+所有者权益"是最基本的会计等式，通常称为第一会计等式。农民专业合作社无论其规模大小，都要进行正常的生产经营活动，都必须拥有一定数量和结构的资产，这是合作社从事生产经营活动的物质基础和基本前提。这些资产分布在合作社生产经营活动的各个方面，表现为不同存在形态，如银行存款、农产品、种子、应收款、房屋与建筑物、农用机械、专利权、商标权等。而合作社用于生产经营活动的资产又是从一定的渠道得来。合作社资产的来源渠道尽管多种多样，但归纳起来不外乎两个：一个是由债权人提供的资金形成，另一个是由投资者提供的资金形成。换句话说,前者是通过借贷的方式,而后者是通过投资的方式。债权人和投资者都对合作社的资产拥有一定的要求权或求偿权,即拥有一定的权益。但债权人要求的是还本得息,有固定的期限,而投资者要求的是参与盈余分配,没有固定的期限。在会计上,债权人的权益称作负债,投资人的权益称作所有者权益。负债总是位于所有者权益之前。这是因为,负债是合作社借入的资产,有明确的偿还期限和利息,到期不还要承担法律责任。换句话说,债权人的权益得到法律的保护,其偿还具有强制性。而所有者投入的资产是相对永久的,其所分配得到盈余的多少要看农民专业合作社的生产经营状况和盈余的积累水平,农民专业合作社没有必须向投资人分配盈余的法定义务。

"收入-费用=盈余"同属基本会计等式之列,又称作第二会计等式。它表明了农民专业合作社在一定会计期间的经营盈余与相应的收入和费用之间的关系。农民专业合作社进行生产经营活动的目标就是获得收入,赚取盈余。农民专业合作社在取得收入的同时还要发生相应的费用。而合作社将一定会计期间(1个月或1年)所形成的全部收入与发生的全部费用相抵后,其差额是合作社本会计期间的经营成果。若前者大于后者是盈余,若前者小于后者是亏损。

二、合作社会计科目和账户

(一)合作社会计科目

1. 会计科目的概念和作用

会计科目是对会计要素具体内容进行分类核算的项目。会计对象的具体内容各有不同,管理者的要求也不同,为了连续、完整、系统地核算经济活动的增减变动情况，定期编制会计报表和分门别类地为各种管理者提供相关的会计核算资料，就必须以会计要素为基础对会计核算的内容进行具体分类，即设置会计科目。

合作社会计科目按照其所归属的会计要素不同，可分为资产类科目、负债类科目、所有者权益类科目、成本类科目、损益类科目五大类，共37个会计科目。

资产类科目是指用于核算资产增减变化，提供资产类项目信息的会计科目。合作社的资产分为流动资产、农业资产、对外投资、固定资产和无形资产等。

负债类科目是指用于核算负债增减变化，提供负债类项目信息的会计科目。包括短期借款、应付款、应付工资、应付盈余返还、应付剩余盈余、长期借款、专项应付款等。

所有者权益类科目是指用于核算所有者权益增减变化，提供所有者权益类项目信息的会计科目。包括股金、专项基金、资本公积、盈余公积、本年盈余、盈余分配等。

成本类科目是指用于核算成本发生和归集情况，提供成本相关信息的会计科目，如生产成本。

损益类科目是指用于核算经营收入、支出、费用的发生和归集情况，提供一定期间与损益相关会计信息的会计科目。包括经营收入、其他收入、投资收益、经营支出、管理费用、其他支出等。

2. 合作社会计科目

农民专业合作社会计科目具体项目如表1-1所示。

第一章 农民专业合作社核算概述

表1-1 会计科目

序号	科目编号	科目名称
一、资产类		
1	101	库存现金
2	102	银行存款
3	113	应收款
4	114	成员往来
5	121	产品物资
6	124	委托加工物资
7	125	委托代销商品
8	127	受托代购商品
9	128	受托代销商品
10	131	对外投资
11	141	牲畜（禽）资产
12	142	林木资产
13	151	固定资产
14	152	累计折旧
15	153	在建工程
16	154	固定资产清理
17	161	无形资产
二、负债类		
18	201	短期借款
19	211	应付款
20	212	应付工资
21	221	应付盈余返还
22	222	应付剩余盈余
23	231	长期借款

· 13 ·

（续表）

序号	科目编号	科目名称
24	235	专项应付款
三、所有者权益类		
25	301	股金
26	311	专项基金
27	321	资本公积
28	322	盈余公积
29	331	本年盈余
30	332	盈余分配
四、成本类		
31	401	生产成本
五、损益类		
32	501	经营收入
33	502	其他收入
34	511	投资收益
35	521	经营支出
36	522	管理费用
37	529	其他支出

注：合作社在经营中涉及使用外埠存款、银行汇票存款、银行本票存款、信用卡存款、信用证保证金存款等各种其他货币资金的，可增设"其他货币资金"科目（科目编号109）；合作社在经营中大量使用包装物，需要单独对其进行核算的，可增设"包装物"科目（科目编号122）；合作社在生产经营过程中，有牲畜（禽）资产、林木资产以外的其他农业资产，需要单独对其进行核算的，可增设"其他农业资产"科目（科目编号149），参照"牲畜（禽）资产""林木资产"进行核算；合作社需要分年摊销相关长期费用的，可增设"长期待摊费用"科目（科目编号171）。

(二) 合作社会计账户

1. 会计账户的概念

会计账户是根据会计科目设置的，它具有一定的结构和格式，是用来全面、连续、系统地反映和监督会计要素的增减变动情况及其结果的载体。

2. 账户的设置

会计账户根据会计科目进行设置。根据总分类科目设置的，用于对会计要素具体内容进行总括分类核算的账户，称为总分类账户；根据总分类科目所属的明细分类科目开设的，用于对会计要素具体内容进行明细分类核算的账户，称为明细分类账户。

总分类账户是所属的明细分类账户的统驭账户；明细分类账户是总分类账户的辅助账户，它是总分类账户的补充和具体化。

3. 账户的分类

合作社会计账户按其核算的经济内容不同，可分为资产类账户、负债类账户、所有者权益类账户、成本类账户、损益类账户五大类。

资产类账户是用来反映合作社拥有或控制的经济资源的账户，分为流动资产账户和非流动资产账户。流动资产账户包括库存现金、银行存款、应收款、成员往来、产品物资等账户；非流动资产账户主要有固定资产、在建工程、无形资产等账户。

负债类账户是用来反映合作社所承担的债务的账户，可分为流动负债账户和非流动负债账户。流动负债账户包括短期借款、应付款、应付工资等账户；非流动负债账户包括长期借款、专项应付款等账户。

所有者权益类账户是用来反映合作社净资产的账户，包括股金、资本公积、盈余公积、本年盈余、盈余分配等账户。

成本类账户是用来反映合作社成本发生和归集情况的账户，只有生产成本一个账户。

损益类账户是用来反映合作社在一定期间所获得收入、发生支出的账户，包括经营收入、其他收入、投资收益、经营支出、管理费用、其他支出等账户。

4. 账户的基本结构

所谓账户的基本结构，是指账户的基本格式。我们从数量方面的考察中发现，各项经济业务变动不外乎引起增加和减少两种情况。因此，账户的结构也要相应地划分为两个基本部分：一部分反映数额的增加，另一部分反映数额的减少。这样账户就划分为左方、右方两个方向：一方登记增加数，另一方登记减少数。这就形成了账户的基本结构。但是哪一方登记增加数，哪一方登记减少数，还要取决于所记录经济业务和账户的性质以及所采用的记账方法。

5. 账户与会计科目的联系和区别

会计科目和账户是两个不同的概念，两者既有联系又有区别。

两者的联系是：会计科目是设置账户的依据，两者都是被用来反映会计对象的具体内容，它们反映的内容相同，口径一致。会计科目是账户的名称，也是设置账户的依据；账户是会计科目的具体运用，也就是说会计科目反映的经济内容，就是账户所要登记的经济内容。

两者的区别是：会计科目只是账户的名称，不存在结构，不能反映经济业务所引起会计要素的增减变动及结余情况；而账户

第一章 农民专业合作社核算概述

则是具有一定格式和结构，而且能系统地反映经济业务所引起会计要素的增减变动及结余情况。

三、复式记账法

复式记账法被公认为是一种科学的记账方法，为世界各国所广泛使用。我国曾采用过的复式记账方法主要有：借贷记账法、增减记账法、收付记账法。按照《农民专业合作社会计制度（试行）》的规定：合作社会计记账方法采用借贷记账法。

（一）借贷记账法

1. 借贷记账法的概念

借贷记账法是以"借"和"贷"作为记账符号的一种复式记账方法。

2. 借贷记账法的记账符号

借贷记账法以"借"和"贷"作为记账符号，至于"借"表示增加还是"贷"表示增加，则取决于账户的性质及结构。

3. 借贷记账法下的账户结构

在借贷记账法下，账户的基本结构是：左方为借方，右方为贷方。但哪一方登记增加，哪一方登记减少，则要根据账户反映的经济内容的性质决定。为了总括说明借贷记账法下各类账户的结构，用表1-2概括说明。

表1-2　账户结构

借方	贷方	余额
资产类账户增加	资产类账户减少	借方
资产类账户减少	资产类账户增加	贷方

（续表）

借方	贷方	余额
所有者权益类账户减少	所有者权益类账户增加	贷方
收入类账户减少	收入类账户增加	零（无）
费用（成本）类账户增加	费用（成本）类账户减少	零（无）

注：每一个账户的余额都可能在账户的借方或贷方，反映资产或负债或所有者权益的期初余额；如果期末余额和期初余额的方向相同，则说明账户的性质没有改变；如果期末余额和期初余额的方向相反，则说明账户的性质已发生了改变；对于收入、支出（费用）类账户，由于这类账户的本期发生额在期末结账时都要转入利润类账户，所以一般无期初、期末余额。

总之，有余额的账户，通常是增加记在哪一方，余额就在哪方，如增加记在借方则余额一定在借方，反之增加记在贷方则余额就一定在贷方（双重性科目除外）。

4. 借贷记账法的记账规则

借贷记账法的记账规则是："有借必有贷，借贷必相等"。就是指对于发生每一项经济业务，如果在一个账户中登记了借方，就必须同时在另一个或几个账户中登记贷方，即"一借多贷"；或者在一个账户中登记了贷方，必须同时在另一个或几个账户中登记借方，即"一贷多借"。而且登记在借方和贷方的金额总额必须相等。

5. 借贷记账法的试算平衡

试算平衡是根据"资产＝负债+所有者权益"的恒等关系，检查所有账户记录是否正确的过程。试算平衡的方法主要有两种：发生额试算平衡法和余额试算平衡法。

（二）会计分录

为了保证合作社账户记录的正确性和便于事后检查，在经济业务记入账户之前，要采用一种专门的方法来确定各项经济业务正确的账户对应关系,这种方法称为编制会计分录。

1. 会计分录的概念

所谓会计分录,就是指对发生的某项经济业务标明其应借应贷的账户及其金额的记录。每笔会计分录应包括3个要素:会计科目、记账方向、金额。

2. 会计分录的分类

会计分录按所涉及账户数量的多少,可分为简单会计分录和复合会计分录两种。

简单会计分录,是指只涉及一个账户借方与另一个账户贷方的会计分录,即一借一贷的会计分录。

复合会计分录,是指由两个以上(不含两个)的账户所组成的会计分录,即一借多贷或多借一贷或多借多贷的会计分录。

会计分录的一般格式是:

借:××(账户名)　　　　　　××(金额)

　　贷:××(账户名)　　　　　　××(金额)

3. 会计分录编制的基本方法

(1) 对发生的经济业务首先要判断它涉及的是哪一类账户。是资产类账户,还是负债类账户,或所有者权益类账户,或成本类账户,或损益类账户等。

(2) 进一步确定涉及这一类账户的什么会计科目(账户),是增加还是减少。

(3) 根据账户结构及记账方法,确定哪个科目(账户)应记借方,哪个科目(账户)应记贷方。

(4) 利用借贷记账法的记账规则"有借必有贷,借贷必相等",检查会计分录编制的正确性。

四、会计凭证、会计账簿和会计档案

1. 会计凭证

会计凭证是记载经济业务发生、明确经济责任的书面文件，是记账的依据。合作社每发生一项经济业务，都要取得原始凭证，并据以编制记账凭证。各种原始凭证必须具备：凭证名称、填制日期、填制凭证单位名称或者填制人姓名、经办人员的签名或者盖章、接受凭证单位名称、经济业务内容、数量单价金额。记账凭证必须具备：填制日期、凭证编号、经济业务摘要、会计科目、金额、所附原始凭证张数等，并须由填制和审核人员签名盖章。

所有会计凭证都要按规定手续和时间送会计人员审核处理。填制有误和不符合要求的会计凭证，应按要求修正和重填。无效、不合法和不符合财务制度规定的凭证，不能作为收付款项、办理财务手续和记账的依据。会计人员应根据审核无误的原始凭证，填制记账凭证，并据以登记账簿。记账凭证可以根据每一原始凭证单独填制，也可以根据原始凭证汇总表填制。一定时期终了，应将已经登记过账簿的原始凭证和记账凭证，分类装订成册，妥善保管。

2. 会计账簿

会计账簿是记录经济业务的簿籍，是编制会计报表的依据。合作社应设置现金日记账和银行存款日记账、总分类账和各种必要的明细分类账。

现金日记账和银行存款日记账，应由出纳人员根据收、付款凭证，按有关经济业务完成时间的先后顺序进行登记，一律采用订本账。总分类账按照总账科目设置,对全部经济业务进行总括分类登记;明细分类账按明细科目设置,对有关经济业务进行明细分类登记。总分类账可用订本账或活页账;明细分类账可用活页账或卡片账。

对于不能在日记账和分类账中记录,而又需要查考的经济事项,合作社必须另设备查账簿进行账外登记。

合作社所使用的各种会计凭证和会计账簿的内容和格式,应符合《中华人民共和国会计法》《会计基础工作规范》《会计档案管理办法》等规定。

账簿登记要做到数字正确、摘要清楚、登记及时。各种账簿的记录,应定期核对,做到账证相符、账实相符、账款相符、账账相符和账表相符。

启用新账,必须填写账簿启用表,并编制目录。旧账结清后,要及时整理,装订成册,归档保管。

3. 会计档案

合作社的会计档案包括经济合同或协议,各项财务计划及盈余分配方案,各种会计凭证、会计账簿和会计报表、会计人员交接清单、会计档案销毁清单等。

合作社要按照《会计档案管理办法》的规定,加强对会计档案的管理。建立会计档案室(柜),实行统一管理,专人负责,做到完整无缺、存放有序、方便查找。

第二章 农民专业合作社资产核算

资产是指农民专业合作社过去的交易或者事项形成的、由农民专业合作社拥有或者控制的、预期会给农民专业合作社带来经济利益的资源。对资产的简要理解是：资产是现实中存在的、所有权属于农民专业合作社或者能够对其进行控制的、能够给农民专业合作社带来现金收入的所有财产。农民专业合作社的资产主要是固定资产、流动资产、无形资产、农业资产和对外投资。

第一节 农民专业合作社固定资产核算

一、固定资产概述

固定资产是指同时具有下列特征的有形资产：为生产商品、提供劳务、出租或经营管理而持有；使用寿命超过一个会计年度。固定资产应该具有下列一些特征。

一是为生产商品、提供劳务、出租或经营管理而持有的，而不是为了出售，这是固定资产的最基本的特点。

二是使用寿命超过一个会计年度，但又是有限的。

三是实物形态的不变性。固定资产是有形资产，能够连续多次参加农民专业合作社经营过程，直至报废前并不改变其实物形态。

第二章 农民专业合作社资产核算

四是其价值随使用的磨损程度,逐步地、部分地转移到成本或费用中去,并随产品销售的实现,逐步转化为货币资金。

农民专业合作社固定资产的入账标准是:使用期限超过一年,单位价值(即单价)在500元以上的房屋、建筑物、机器、设备、工具、器具等劳动资料;某些主要生产工具和设备,虽然单位价值低于500元的单价标准,但使用年限在一年以上的,仍可列为固定资产。

合作社固定资产的核算分为购入、自行建造、投入、捐赠、折旧、清理等,主要涉及固定资产、在建工程、累计折旧、固定资产清理4个会计科目。

二、购入固定资产的核算

1. 购入不需要安装的固定资产

购入的固定资产,不需要安装的,按实际支付的买价加采购费、包装费、运杂费、保险费和缴纳的有关税金等计入"固定资产"科目。

例1:

2020年5月30日,合作社委托某采购公司购买饲料粉碎机一台,单价1 000元,税金130元,包装费100元,运费180元,搬运工工资50元,另支付采购公司采购费117元,用银行存款支付。

借:固定资产——饲料粉碎机　　　　1 577
　　贷:银行存款　　　　　　　　　　　　1 577

2. 购入需要安装的固定资产

若购入的固定资产需要安装工程后才可使用,则将安装完毕前所发生的支出,包括需要安装设备的价值,先记入"在建工程"科目的借方,待工程安装完毕后,再将有关金额从"在建工程"科目的贷方转入"固定资产"科目的借方。

例2:

2020年5月30日,合作社购入需要安装的饲料加工设备一台,单价10 000元,税金1 300元,运费1 100元,搬运工工资600元,安装费用1 400元,用银行存款支付。

(1)购入后,开始安装,会计分录如下:

借:在建工程——饲料加工设备　　　　14 400
　　贷:银行存款　　　　　　　　　　　　14 400

(2)2020年5月31日,安装完毕交付使用时,按照其实际成本结转,会计分录如下:

借:固定资产——饲料加工设备　　　　14 400
　　贷:在建工程——饲料加工设备　　　　14 400

三、自行建造固定资产的核算

新建的房屋及建筑物、农业基本建设设施等固定资产,按竣工验收的决算计价。自行建造固定资产竣工验收前所发生的全部支出,均通过"在建工程"科目核算,竣工验收后,再将工程发生的全部支出,转入"固定资产"科目。合作社自行建造固定资产包括自营建造和出包建造两种方式。

1. 自营建造

例3:

合作社建造饲料加工车间一座,用银行存款支付建造材料一批350 000元,建造过程中领用建筑材料320 000元,银行存款支付建筑工人工资50 000元，银行存款支付工程水电费5 000元。工程完工，验收合格后交付使用。会计分录为：

（1）用银行存款支付建造材料：

借：库存物资　　　　　　　　　　350 000

　　贷：银行存款　　　　　　　　　　350 000

（2）领用建筑材料：

借：在建工程——加工车间　　　　320 000

　　贷：库存物资　　　　　　　　　　320 000

（3）支付建筑工人工资：

借：在建工程——加工车间　　　　50 000

　　贷：银行存款　　　　　　　　　　50 000

（4）支付工程水电费：

借：在建工程——加工车间　　　　5 000

　　贷：银行存款　　　　　　　　　　5 000

（5）验收合格后交付使用：

借：固定资产——加工车间　　　　375 000

　　贷：在建工程——加工车间　　　　375 000

2. 出包建造

出包工程指农民专业合作社将工程项目发包给施工企业，由施工企业组织施工的建筑工程和安装工程。这是目前较常见的方式。它又分为包工不包料和包工包料两种形式。

一种是包工不包料方式。

合作社应按直接材料、直接人工、直接机械施工费等项支出确定其工程成本。当合作社购入工程用物资时，按实际成本借记"在建工程——工程物资"科目，贷记"银行存款"科目；当领用工程材料物资时，应按实际成本借记"在建工程——××工程"科目，贷记"在建工程——工程物资"科目；如需领用合作社的材料物资，应按材料物资的实际成本，借记"在建工程——××工程"科目，贷记"库存物资"科目；向承包公司预付工程款时，借记："在建工程——××工程"科目，贷记"银行存款"科目。基建工程应负担的其他费用，如临时设施费、监理费、可行性研究费、公证费等，借记"在建工程——××工程"科目，贷记"银行存款"科目。基建工程完工交付使用时，应借记"固定资产"科目，贷记"在建工程——××工程"科目。

例4：

合作社出包建造一座养猪场，经协商与承包公司签订了包工不包料的工程出包合同。养猪场建造工程及其账务处理如下：

（1）购入工程用物资，买价351 000元，相关物资验收入库，价款用银行存款支付。根据发票、入库单及转账支票存根编制会计分录如下：

借：在建工程——工程物资　　　　351 000
　　贷：银行存款　　　　　　　　　　351 000

（2）工程开工，领用工程物资351 000元。根据工程物资领用凭证编制会计分录如下：

借：在建工程——养猪场工程　　　351 000
　　贷：在建工程——工程物资　　　　351 000

（3）向承包公司预付工程款400 000元。根据付款单据编制会计分录如下：

借：在建工程——养猪场工程　　　400 000
　　贷：银行存款　　　　　　　　　　400 000

第二章　农民专业合作社资产核算

(4) 支付其他费用 100 000 元。根据支付结算单据编制会计分录如下：

借：在建工程——养猪场工程　　　　100 000
　　贷：银行存款　　　　　　　　　　　　100 000

(5) 工程完工交付使用，确定固定资产的入账价值 851 000 元。编制会计分录如下：

借：固定资产——养猪场　　　　　　851 000
　　贷：在建工程——养猪场工程　　　　　851 000

另一种是包工包料方式。

该方式工程核算主要包括支付工程价款和工程交付使用两项内容。支付工程价款时，借记"在建工程"科目，贷记"银行存款"科目，工程交付使用时，借记"固定资产"科目，贷记"在建工程"科目。

例 5：

合作社将一粮库的工程出包给省二建公司，工程的总价款为 500 000 元，按规定先预付工程款的 60%，待工程完工，验收合格后再补付工程款的 40%。工程款结算采用转账支票结算方式进行。

(1) 预付工程价款 60%。根据转账支票存根编制会计分录如下：

借：在建工程——出包粮库工程　　　300 000
　　贷：银行存款　　　　　　　　　　　　300 000

(2) 补付工程价款 40%。根据转账支票存根编制会计分录如下：

借：在建工程——出包粮库工程　　　200 000
　　贷：银行存款　　　　　　　　　　　　200 000

(3) 工程完工交付使用,结转固定资产的入账价值 500 000 元。编制会计分录如下:

借:固定资产——粮库　　　　　　500 000
　　贷:在建工程——出包粮库工程　　500 000

四、投资者投入的固定资产的核算

合作社成员投入的固定资产,按照投资各方确认的价值,借记"固定资产"账户,按照经过批准的投资者所应拥有以合作社注册资本份额计算的资本金额,贷记"股金"账户,按照两者之间的差额,借记或贷记"资本公积"账户。

例6:

合作社收到成员李林投入已使用过的电锯一把,确认价格为1 000元,经过成员大会批准,李林拥有以合作社注册资本份额计算的资本金额800元。会计分录为:

借:固定资产——电锯　　　　　　1 000
　　贷:股金　　　　　　　　　　　　800
　　　　资本公积　　　　　　　　　　200

五、捐赠固定资产的核算

计算合作社接受捐赠固定资产,以市场同类产品估价加上由合作社负担的各项费用。

捐赠的固定资产分3种情况:收到捐赠的全新固定资产,按照所附发票所列金额加上应支付的相关税费作为固定资产成本;如果捐赠方未提供有关凭据,则按其市价或同类、类似固定资产的市场价格估计的金额,加上由合作社负担的运输费、保险费、安装调试费等作为固定资产成本；收到捐赠的旧固定资产，按照经过批准的评估价值或双方确认的价值作为固定资产成本。

例7：

合作社接受某单位捐赠已使用过的地秤一台，原价4 500元，目前市场同类产品估价3 500元，合作社负担运费200元。

计算合作社接受捐赠产品成本，以市场同类产品估价加上由合作社负担的各项费用合计：3 500＋200＝3 700（元）。会计分录为：

借：固定资产——地秤　　　　　　　　3 700
　　贷：专项基金　　　　　　　　　　　　　　3 700

六、固定资产计提折旧的核算

对固定资产应计提折旧，但鉴于农业生产的特点，对路、桥、渠等农业基础设施可以不计提折旧。其他固定资产计提折旧时，借记"生产成本""经营支出""管理费用""其他支出"科目，贷记"累计折旧"。

例8：

2020年6月2日，合作社购入电脑1台，价值4 500元，预计使用5年，残值率5%，从2020年7月开始，每月计提折旧。

借：管理费用　　　　　　　　　　　　71.25
　　贷：累计折旧　　　　　　　　　　　　　　71.25

　　［4 500×(1－5%)÷5÷12＝71.25（元）］

七、固定资产清理的核算

农民专业合作社进行清理的固定资产，主要有以下3个类别：因不需用或不适用而出售给其他单位或个人的固定资产；因磨损严重不能使用或由于技术进步等原因发生提前报废的固定资产；因自然灾害或意外事故造成毁损而报废的固定资产。固定资产的清理，不论何种原因，都要按规定程序办理手续，取得或填制必要的原始凭证，并进行相关的账务处理。

农民专业合作社在进行固定资产清理的总分类核算时，应设置"固定资产清理"科目，核算合作社因出售、报废和毁损等原已转入清理的固定资产净值以及清理过程中所发生的清理费用和清理收入。其借方登记转入清理的固定资产净值、支付的清理费用，其贷方登记出售固定资产的收入、报废固定资产的残料变价收入及毁损固定资产应由保险公司及责任人赔偿的收入，本科目期末借方或贷方余额，反映尚未清理完毕固定资产的价值及清理净收入（清理收入-清理费用）。本科目应按清理的固定资产项目设置明细分类科目，进行明细分类核算。

固定资产清理的核算，一般可按下列4个基本环节进行。

一是将固定资产转入清理。合作社出售、报废和毁损的固定资产，应首先将其转入清理，按转入清理的固定资产净值，借记"固定资产清理"科目，按已计提的折旧借记"累计折旧"科目，按固定资产原值，贷记"固定资产"科目。

二是核算清理费用。固定资产清理中发生的清理费用支出，应按实际数额借记"固定资产清理"科目，贷记"银行存款"科目。

三是记录清理收入。合作社在固定资产清理时发生的各项收入包括出售固定资产的价款、报废和毁损固定资产的残料、保险公司及过失人的赔款等，应按实际数额借记"银行存款""成员往来"科目,贷记"固定资产清理"科目。

四是结转清理净损益。农民专业合作社因出售、报废和毁损固定资产,应当将清理收入扣除账面价值和相关费用后的金额计入当期损益,计入"其他支出"或"其他收入"科目。

例9:

农民专业合作社一辆运输卡车在一次交通事故中报废,该卡车原价200 000元,已提折旧60 000元,在事故处理中明确过失人应赔偿2 000元;根据保险合同,保险公司应赔偿70 000元。

(1) 将卡车转入清理时,编制会计分录如下:

借:固定资产清理——卡车　　　　　　140 000
　　累计折旧　　　　　　　　　　　　 60 000
　　贷:固定资产——卡车　　　　　　　　　　200 000

(2) 确认责任人和保险公司应赔偿的款项,编制会计分录如下:

借:成员往来——×责任人　　　　　　　2 000
　　应收款——×保险公司　　　　　　　70 000
　　贷:固定资产清理——卡车　　　　　　　　72 000

(3) 结转固定资产清理净损益时,编制会计分录如下:

固定资产清理净损失=140 000-72 000=68 000(元)

借:其他支出——非常损失　　　　　　　68 000
　　贷:固定资产清理——卡车　　　　　　　　68 000

例10:

农民专业合作社出售仓库一座,原价400 000元,已提折旧200 000元;发生清理费用5 000元用存款支付,取得价款250 000元。

（1）将仓库转入清理时，编制会计分录如下：

借：固定资产清理——仓库　　　　　200 000
　　累计折旧　　　　　　　　　　　200 000
　　贷：固定资产——仓库　　　　　　　　400 000

（2）支付清理费用时，根据支付凭证编制会计分录如下：

借：固定资产清理——仓库　　　　　5 000
　　贷：银行存款　　　　　　　　　　　　5 000

（3）收到转让价款时，根据入账通知编制会计分录如下：

借：银行存款　　　　　　　　　　　250 000
　　贷：固定资产清理——仓库　　　　　　250 000

（4）结转固定资产清理净损益时，编制会计分录如下：

固定资产清理净盈余 = 250 000 - 200 000 - 5 000 = 45 000（元）

借：固定资产清理——仓库　　　　　45 000
　　贷：其他收入——处置固定资产净盈余　45 000

第二节　农民专业合作社流动资产核算

农民专业合作社的流动资产包括货币资金、应收款项、存货等。

一、货币资金的核算

货币资金是合作社资产中的重要组成部分，是合作社资产中流动性最强的资产。根据货币资金存放地点及其用途不同，货币资金分库存现金及银行存款（含其他货币资金）。合作社必须根据有关法律法规，结合实际情况，建立健全货币资金内部控制制度。合作社应当建立货币资金业务的岗位责任制，明确相关部门和岗位的职责权限。明确审批人和经办人对货币资金业务的权限、程序、责任和相关控制措施。

(一) 库存现金

合作社取得的所有现金应及时入账，不准以白条抵库，不准挪用，不准公款私存。合作社要及时、准确地核算现金收入、支出和结存，做到账款相符。要定期或不定期清点核对现金，要定期与银行核对账目。支票和财务印鉴不得由同一人保管。

合作社应设置"库存现金"账户。该账户的借方登记现金的增加，贷方登记现金的减少，期末余额在借方，反映合作社实际持有库存现金的余额。

1. 合作社的现金收入

合作社收入现金主要途径有：从银行提取现金，收取转账起点以下的零星收入款，职工交回的剩余差旅费款，收取对个人的罚款，无法查明原因的现金溢余等。收到现金时，借记"库存现金"账户，贷记有关账户。

例11：

合作社开出现金支票从开户银行提取现金2 000元备用，应作会计分录。

这项业务从银行提取现金，现金增加，银行存款减少，两个账户均为资产类账户，增加记借方，减少记贷方。会计分录为：

借：库存现金　　　　　　　　　　　　　2 000
　　贷：银行存款　　　　　　　　　　　　　2 000

例12：

合作社销售农产品收到现金30 000元，应作会计分录。

这项业务因为销售产品，取得现金收入，现金增加，库存现金属于资产类账户，增加记借方；同时"经营收入"也增加，"经营收入"属于损益类账户，增加应记贷方。会计分录为：

 借：库存现金   30 000

  贷：经营收入   30 000

合作社出纳员应根据会计凭证登记"现金日记账"和"银行存款日记账"，会计人员应登记"库存现金"和"银行存款"总账。

注意：为避免重复记账。合作社涉及的从银行提取现金和将现金送存银行的业务，只需要编制付款凭证，不要编制收款凭证。

2. 合作社的现金支出

按照现金开支范围的规定支付现金时，借记有关账户，贷记"库存现金"账户。

例13：

合作社以现金36 000元购入产品物资一批。

 借：产品物资   36 000

  贷：库存现金   36 000

出纳员应根据会计凭证登记"现金日记账"，会计人员登记"产品物资"总账，仓库管理员登记产品物资明细账。

3. 现金的清查核算

为了保证合作社现金的安全完整，实现账款相符，合作社应定期或不定期地进行现金清查，现金清查包括：出纳员每日的清点核对和组成清查小组的清查。清查的方法：一般是通过实地盘点方式进行。在清查过程中，如发现现金账款不符，可通过"应收款"账户进行核算。

例 14：

合作社在月末进行现金清查时，发现现金溢余 300 元。

借：库存现金　　　　　　　　　　　　　300

　　贷：应收款——现金长款　　　　　　　　　300

例 15：

合作社在进行现金清查时，发现现金短缺 500 元。

借：应收款——现金短款　　　　　　　　500

　　贷：库存现金　　　　　　　　　　　　　　500

（二）银行存款

合作社应设置"银行存款"账户，借方登记合作社存入银行的款项，贷方登记银行存款减少的金额，期末借方余额，反映合作社实际存在银行的款项。本账户应按不同银行的名称设置明细科目，进行明细核算。

1. 银行存款增加的核算

合作社银行存款增加渠道很多，主要包括出售代销商品、销售商品、提供劳务等，合作社增加银行存款时，借记"银行存款"账户；贷记有关科目，如"库存现金""经营收入"等科目。

例 16：

合作社将 5 000 元现款存入市建设银行。

借：银行存款　　　　　　　　　　　　5 000

　　贷：库存现金　　　　　　　　　　　　　5 000

此项业务,出纳应记"银行存款日记账"和"现金日记账";会计人员应登记"银行存款"和"库存现金"总账。

例17:

合作社售出荔枝一批,收到30 000元,转存银行。

借:银行存款　　　　　　　　　　30 000
　　贷:经营收入　　　　　　　　　　30 000

例18:

合作社代销产品收入60 000元,协议价40 000元。

借:银行存款　　　　　　　　　　60 000
　　贷:代销产品　　　　　　　　　　40 000
　　　　经营收入　　　　　　　　　　20 000

出纳应根据凭证登记"银行存款日记账";会计人员应根据原始凭证及收款凭证登记"受托代销商品""经营收入"总账和所属明细账。

2. 银行存款减少的核算

合作社银行存款的减少,是指用合作社银行存款支付相关项目支出,一般在发生时,借记有关科目,贷记"银行存款"。

例19:

某种植专业合作社购买农药一批,价款2 500元,以银行存款支付。该项业务导致合作社产品物资增加,银行存款减少,会计分录为:

借:产品物资　　　　　　　　　　2 500
　　贷:银行存款　　　　　　　　　　2 500

出纳应根据凭证登记"银行存款日记账";会计人员应根据凭证登记"产品物资"总账和所属明细账;财产保管人员登记

第二章 农民专业合作社资产核算

各有关明细账。

二、应收款项的核算

合作社的应收账款分为两类：一类是以"应收款"核算，反映合作社与非成员之间发生的各种应收以及暂付款项，为外部应收款。另一类是以"成员往来"科目核算，反映合作社与其成员的经济往来业务，为内部应收款。

（一）外部应收款的核算

外部应收款项是指合作社与外部单位和外部个人发生的各种应收及暂付款项。

合作社应设置外部应收款，通过"应收款"账户核算。该账户借方登记合作社发生各种应收及暂付款项，贷方登记已经收回或转销的应收款及暂付款，期末借方余额反映合作社尚未收回的应收及暂付款项。本账户应按应收及暂付款项的单位和个人设置明细科目，进行明细核算。

合作社发生各种应收及暂付款项时，借记"应收款"，贷记"经营收入""库存现金""银行存款"等账户；收回款项时，借记"库存现金""银行存款"等账户，贷记"应收款"。取得用暂付款购得的产品物资、劳务时，借记"产品物资"等科目，贷记本账户。对确实无法收回的应收及暂付款项，按规定程序批准核销时，借记"其他支出"账户，贷记"应收款"。

1. 业务发生

例20：

合作社为社员代销荔枝一批，约定价格6万元，合作社以

7万元的价格销售给伊利公司，货款尚未收到。

  借：应收款——伊利公司   70 000
    贷：受托代销商品   60 000
      经营收入   10 000
  合作社收到伊利公司款项：
  借：银行存款   70 000
    贷：应收款——伊利公司   70 000

  2. 预付款项

  合作社预付款项用于购买产品物资、劳务，借记"应收款"科目，贷记"银行存款"科目；收到产品物资、劳务，借记"产品物资"等科目，贷记"应收款"科目。

  例21：

  合作社预付亚蔬种业公司种子款2万元。

  （1）预付款时：

  借：应收款——亚蔬种业   20 000
    贷：银行存款   20 000

  （2）收到小麦种子时：

  借：产品物资——小麦种子   20 000
    贷：应收款——亚蔬种业   20 000

  3. 坏账处理

  对于确实无法收回的应收及暂付款项，应借记"其他支出"科目，贷记"应收款"科目。

  例22：

  合作社给欧亚公司打种子款1万元，发生纠纷，此笔款项变为坏账。

借：其他支出　　　　　　　　　　　10 000
　　贷：应收款——欧亚公司　　　　　　　10 000

(二) 内部应收款的核算

内部应收款项是指合作社与社员发生的各种应收及暂付款项。

合作社内部应收和应付款项的发生、收回、偿还及结存通过"成员往来"账户核算，该账户是一个双重性质的账户，凡是合作社与所属单位和成员发生的经济往来业务，都通过本账户进行会计核算。它既核算合作社与所属单位、社员的各种应收及暂付款项，也核算合作社内部发生的各种应付及暂收款项。账户借方登记合作社与所属单位和成员发生的各种应收及暂付款项和偿还的应付及暂收款项，贷方核算各种应付及暂收款项业务及收回的应收及暂付款项。

本账户应按合作社成员设置明细账户，进行明细核算。下属各明细账户的期末借方余额合计数反映成员欠合作社的款项总额；期末贷方余额合计数反映合作社欠成员的款项总额。各明细账户年末借方余额合计数应在资产负债表"应收款项"中反映；年末贷方余额合计数应在资产负债表"应付款项"中反映。

合作社与其成员发生应收款项和偿还应付款项时，借记"成员往来"，贷记"现金""银行存款"等账户；收回应收款项和发生应付款项时，借记"现金""银行存款"等账户，贷记"成员往来"。

例23：

合作社为社员张一代购种子，价格1万元。

(1) 收到张一现金1万元：

借：银行存款 10 000
    贷：成员往来——社员张一 10 000
（2）代购完成，付款 8 000 元：
借：成员往来——社员张一 10 000
    贷：银行存款 8 000
        经营收入 2 000

例 24：

合作社社员张星归还借款 2 万元，收取利息 800 元。

借：银行存款 20 800
    贷：成员往来——社员张星 20 000
        其他收入——资金互助收入 800

例 25：

兴罗联合社盈余分配时，成员金启萝卜合作社按交易额分配可分 10 万元，按股本分配可分 6 万元。

借：盈余分配——未分配盈余 160 000
    贷：应付盈余返还——成员金启萝卜合作社 100 000
        应付剩余盈余——成员金启萝卜合作社 60 000

将所有成员应收、应付款项转入成员往来：

借：应付盈余返还——成员金启萝卜合作社 100 000
    应付剩余盈余——成员金启萝卜合作社 60 000
    贷：内部往来——成员金启萝卜合作社 160 000

三、存货的核算

（一）存货核算概述

合作社的存货，是指合作社在生产经营过程中持有以备出售，或者仍然处于生产过程中，以及在生产或提供劳务过程中用于消耗的各种材料或物资等。合作社存货包括委托加工物资、委托代销商品、受托代购商品、受托代销商品以及各种材料、燃料、机械零配件、低值易耗品、种子、化肥、农药、农产品、在产品、半成品、产成品等。设立"产品物资""委托加工物资""委托代销商品"和"受托代购商品""受托代销商品"等会计科目。

存货是合作社的重要流动资产，它具有流动性强，容易变质、毁损、散失，以及种类繁多、不易计量、数量庞杂等特点，这增加了合作社存货核算的难度。合作社存货的核算是正确计算和确定合作社产品成本及合作社经营成果的基础，加强对合作社存货的管理和核算有重要意义。

存货计价方法：①购入的物资按照买价加各种杂费计价。②受托代购商品视同购入的物资来计价。③自产入库的成品，按生产过程中发生的实际支出计价。④委托加工物资，按实际成本加各种杂费计价。⑤受托代销商品按协议价格计价。⑥委托代销商品按实际成本计价。

领用或出售的出库存货成本的确定，可在"先进先出法""加权平均法""个别计价法"等方法中任选一种，但不得随意变动。

（二）产品物资的核算

1. 自产物资入库

按实际成本，借记"产品物资"，贷记"生产成本""委托加工物资"等会计科目。

例26：

合作社的自产蜂蜜入库，成本40 000元。

借：产品物资　　　　　　　　　　　　40 000
　　贷：生产成本　　　　　　　　　　　　40 000

2. 产品物资销售

按实现的销售收入，借记"库存现金""银行存款""应收款"等账户，贷记"经营收入"账户；按销售产品物资的实际成本，借记"经营支出"账户，贷记"产品物资"账户；产品物资领用时，借记"生产成本""在建工程""管理费用"等账户，贷记"产品物资"账户。

例27：

合作社对外销售上例的一半蜂蜜，价格3万元。

借：银行存款　　　　　　　　　　　　30 000
　　贷：经营收入　　　　　　　　　　　　30 000

月底结转成本：

借：经营支出　　　　　　　　　　　　20 000
　　贷：产品物资　　　　　　　　　　　　20 000

3. 购入产品物资

按实际支付或应付价格，借记"产品物资"科目，贷记"库存现金""银行存款""成员往来""应付款"等。

例28：

收购社员张合木耳一批，价格6 000元，价款尚未支付：

借：产品物资　　　　　　　　　　　　6 000
　　贷：成员往来——社员张合　　　　　　6 000

销售这批木耳，实现收入7 000元，款项存银行。

借：银行存款　　　　　　　　　　　　7 000
　　贷：经营收入　　　　　　　　　　　　7 000

(1) 结转商品成本时：

借：经营支出　　　　　　　　　　　　6 000

　　贷：产品物资　　　　　　　　　　　　6 000

(2) 支付社员张合结算款时：

借：成员往来——社员张合　　　　　　6 000

　　贷：银行存款　　　　　　　　　　　　6 000

4. 领用物资

领用物资时，借记"生产成本""在建工程""管理费用"等科目，贷记"产品物资"科目。

例29：

合作社领用蜂蜜，10 000元。

借：生产成本　　　　　　　　　　　　10 000

　　贷：产品物资——蜂蜜　　　　　　　　10 000

(三) 委托加工物资的核算

合作社应设置"委托加工物资"科目，该科目属于资产类科目，借记委托加工物资的实际成本和加工费用等，贷记收回加工物资的实际成本和剩余物资的实际成本，期末余额在借方，反映委托外单位加工但未加工完成物资的实际成本。该科目应按加工合同和受托加工单位等设置明细账，进行明细核算。

合作社发给外单位加工的物资，按实际成本，借记"委托加工物资"科目，贷记"产品物资"等科目；合作社支付的加工费用、应负担的运杂费等，借记"委托加工物资"科目，贷记"银行存款"等科目；加工完成验收入库，按收回物资的实际成本和剩余物资的实际成本，借记"产品物资"等科目，贷记"委托加工物资"科目。

例30：

合作社委托外加工包装盒一批，发出的半成品成本70 000元，加工费4 600元，运杂费400元。

（1）发出外加工物资：

借：委托加工物资　　　　　　　70 000
　　贷：产品物资　　　　　　　　70 000

（2）支付加工费用：

借：委托加工物资　　　　　　　4 600
　　贷：银行存款　　　　　　　　4 600

（3）支付运杂费：

　借：委托加工物资　　　　　　　400
　　贷：银行存款　　　　　　　　400

（4）收回委托加工物资：

借：产品物资——包装盒　　　　75 000
　　贷：委托加工物资　　　　　　75 000

（四）委托代销商品的核算

发给外单位销售的商品时，按委托代销商品的实际成本，借记"委托代销商品"，贷记"产品物资"等账户；收到代销单位报来的代销清单时，按应收金额，借记"应收款"账户，按应确认的收入，贷记"经营收入"账户；按应支付的手续费等，借记"经营支出"账户，贷记"应收款"账户；同时，按代销商品的实际成本（或售价），借记"经营支出"等账户，贷记"委托代销商品"；收到代销款时，借记"银行存款"等科目，贷记"应收款"科目。

例31：

合作社委托家乐福超市销售腊肠1 000箱。每箱成本为30元，每箱售价40元。超市按销售收入的5%收取手续费。

（1）发出腊肠时：

借：委托代销商品　　　　　　　30 000

　　贷：产品物资　　　　　　　　　　30 000

（2）收到超市的销售清单：

借：应收款——家乐福　　　　　40 000

　　贷：经营收入　　　　　　　　　　40 000

（3）提取手续费：

借：经营支出　　　　　　　　　2 000

　　贷：应收款——家乐福　　　　　　2 000

（4）结转成本时：

借：经营支出　　　　　　　　　30 000

　　贷：委托代销商品　　　　　　　　30 000

（5）实际收到销售款：

借：银行存款　　　　　　　　　38 000

　　贷：应收款——家乐福　　　　　　38 000

（五）受托代销商品的核算

帮助成员销售产品是合作社的重要服务项目，应按约定的价格，借记"受托代销商品"，贷记"成员往来"等科目；合作社售出受托代销商品时，按实际收到的价款，借记"库存现金""银行存款"等科目；按合同或协议约定的价格，贷记"受托代销商品"，如果实际收到的价款大于合同或协议约定的价格，按其差额，贷记"经营收入"等科目；如果实际收到的价款小于合同或协议约定的价格,按其差额,借记"经营支出"等科目;合作社给付委托方代销商品款时,借记"成员往来"等科目,贷记"库存现金""银行存款"等科目。

例32:

合作社帮助社员王乐代销米粉50箱,约定价格每箱50元,货物售出后结账。合作社当月对外销售,每箱70元,货款存入银行,现金支付王乐。

(1) 收到王乐产品时:

借:受托代销商品　　　　　　　　2 500
　　贷:成员往来——社员王乐　　　　2 500

(2) 售出米粉:

借:银行存款　　　　　　　　　　3 500
　　贷:受托代销商品　　　　　　　　2 500
　　　　经营收入　　　　　　　　　1 000

(3) 与王乐结算:

借:成员往来——社员王乐　　　　2 500
　　贷:库存现金　　　　　　　　　　2 500

(六) 受托代购商品的核算

帮助成员代购物资是合作社重要的服务内容,收到受托代购物资款时,借记"库存现金""银行存款"等账户,贷记"成员往来"等账户;合作社受托采购物资时,按采购物资的价款,借记"受托代购商品"账户,贷记"库存现金""银行存款""应付款"等账户;合作社将受托代购物资交付给委托方时,按代购物资的实际成本,借记"成员往来""应付款"等科目,贷记"受托代购商品";如果受托代购物资收取手续费,按应收取的手续费,借记"成员往来"等账户,贷记"经营收入"账户。收到手续费时,借记"库存现金""银行存款"等账户,贷记"成员往来"等账户。

例33:

合作社接受本社成员大自然土鸡公司委托,先收到大自然土鸡公司2 500元购货款,当月用银行存款统一购买饲料1 000千克,成本每千克2元,并将饲料交付大自然土鸡公司。按协议从中获取代购商品货款额5%的手续费。会计分录如下:

(1)接受委托购买,收到银行存款2 500元:

借:银行存款　　　　　　　　　　　2 500
　　贷:成员往来——大自然公司　　　　2 500

(2)购买饲料:

借:受托代购商品　　　　　　　　　2 000
　　贷:银行存款　　　　　　　　　　2 000

(3)交付委托方时,并结清款项:

借:成员往来——大自然公司　　　　2 500
　　贷:受托代购商品　　　　　　　　2 000
　　　　库存现金　　　　　　　　　　 500

如果协议手续费为商品的5%,2 000×5%=100(元),则,

借:成员往来　　　　　　　　　　　2 500
　　贷:受托代购商品　　　　　　　　2 000
　　　　经营收入　　　　　　　　　　 100
　　　　现金　　　　　　　　　　　　 400

(七)存货的清查

合作社由于各种存货种类繁杂,收发或进出业务频繁,在日

常管理过程中容易发生计量、计算等错误，存货自然损耗、损害变质，以及贪污、盗窃等情况，从而造成账实不符。因此，合作社对存货要定期盘点，按会计制度处理账实不符的业务，做到账清物实。季度或年度终了还应进行全面清点盘查。

合作社盘亏、毁损与报废的存货，按经批准的过失人和保险公司应赔偿的金额，借记"成员往来""应收款"等科目，按盘亏、毁损与报废的存货的成本，贷记"产品物资"等科目，按盘亏、毁损与报废的存货的成本扣除过失人或者保险公司赔款以及残料价值后的差额，借记"其他支出"。盘盈的存货，经批准，按同类或类似存货的市场价格，借记"产品物资"等科目，贷记"其他收入"科目。

例34：

合作社年终进行库存存货的盘点清查，发现库存土豆发生变质50千克，入库时实际成本5元/千克，并已购买保险。合作社保管员王某负有过失责任。经批准，王某承担100元赔偿责任，合作社承担50元损失，其余损失由保险公司承担。

借：应收款——保险公司　　　　　　100
　　成员往来——王某　　　　　　　100
　　其他支出　　　　　　　　　　　50
　　贷：产品物资　　　　　　　　　　250

例35：

合作社年终进行库存存货的盘点清查，发现盘盈火龙果50千克，市场价8元/千克。

借：产品物资　　　　　　　　　　400
　　贷：其他收入　　　　　　　　　　400

第三节　农民专业合作社无形资产核算

一、无形资产概述

（一）无形资产的概念

合作社的无形资产是指合作社长期使用但是没有实物形态的资产，包括专利权、商标权、非专利技术等。

1. 专利权

专利权，是指权利人在法定期限内对某一发明创造所拥有的独占权和专有权。专利权的主体是依据专利法被授予专利权的个人或单位，专利权的客体是受专利法保护的专利范围。并不是所有的专利权都能给持有者带来经济利益，有的专利可能没有经济价值或具有很小的经济价值；有的专利会被另外更有经济价值的专利所淘汰等。因此，合作社无须将其所拥有的一切专利权都予以资本化，作为无形资产核算，只有那些能够给合作社带来较大经济价值，并且合作社为此支出了费用的专利才能作为无形资产核算。

2. 商标权

商标权，是指合作社专门在某种指定的商品上使用特定的名称、图案、标记的权利。根据《中华人民共和国商标法》（以下简称《商标法》）的规定，经商标局核准注册的商标为注册商标，商标注册人享有商标专用权，受法律保护。商标权的内容包括独占使用权和禁止使用权。商标权的价值在于它能使享有人获得较高的盈利能力。《商标法》规定，商标权的有效期限为10

年,期满可继续申请延长注册期。

3. 非专利技术

非专利技术具有经济性、机密性、动态性等特点。由于非专利技术未经公开亦未申请专利权,所以不受法律保护,但事实上具有专利权的效用。非专利技术有些是自己开发研究的,有些是根据合同规定,从外部购入的。如果是自己开发研究的,可能成功也可能失败,研究过程中发生的相关费用,会计核算上一般将其全部列作当期费用处理,不作为无形资产核算。从外部购入的,应按实际发生的一切支出,予以资本化,作为无形资产入账核算。非专利技术可以作为资产对外投资,也可以转让。

(二)无形资产的特点

从无形资产的定义上看,无形资产没有实物形态,具有较高的不确定性,难以变现,总体来讲,具有以下特点。

1. 不确定性

无形资产价值的实现过程需要依附于有形资产的再生产过程,这一过程是无法准确定量分析的,其商业价值具有明显的预期性。无形资产的经济性易受合作社外部因素的影响,预期的获利能力准确性较差。

2. 非实体性

无形资产是看不见,摸不着的。无形资产没有实体性且流动性差,一方面,它没有人们感官可感触的物质形态,仅表现为观念中的一种形象,或者表现为一种特许权形式;另一方面,它在使用过程中没有有形损耗,报废时也无残值。

3. 专有性

无形资产为特定主体所有,并是在将来给企业带来额外经济利益的一种资产。例如，专利权、版权、特许权、租赁权、商标权等。禁止非持有人无偿地取得；排斥他人的非法竞争。

4. 经济性

无形资产能给合作社带来较大的经济效益。合作社无形资产越多，其获利能力越强，反之，无形资产短缺，获利能力就越弱。

(三) 无形资产的确认

无形资产是合作社拥有或者控制的没有实物形态的非货币性资产，是合作社全部资产的一项重要内容，需要通过确认、计量等方式进行会计核算。合作社无形资产的确认，需要符合以下条件。

1. 符合无形资产的定义

无形资产是为生产商品、提供劳务、出租给他人，或为管理目的而持有的、没有实物形态的非货币性长期资产，是合作社拥有或者控制的没有实物形态的非货币性资产。无形资产的确认首先要符合无形资产定义的要求。

2. 可能为合作社产生一定的经济效益

在合作社的会计业务处理中，需要会计人员有较强的职业素质与判断能力，确定无形资产未来所带来的经济利益能否流入合作社。这个过程中，既要考虑合作社内部财务核算的要求，也要兼顾外界各类因素的影响。

3. 相关的成本能可靠计量

除考虑为合作社创造一定的经济效益外，还要求与经济效益相关的成本能够可靠地计量。这是会计基本准则中收入与费用相配比原则的体现。如果成本无法可靠地计量，则会计核算工作无法有效进行。

二、无形资产的核算

(一) 无形资产核算设置会计科目

为反映合作社从各个渠道取得的无形资产价值的变动情况,应设置以下会计科目。

"无形资产"(资产类)科目。该科目核算合作社持有的专利权、商标权、非专利技术等各种无形资产的价值变动情况。该科目借方登记合作社从各个渠道取得的无形资产原始价值,贷方登记无形资产摊销的价值以及因减少无形资产转销的账面价值,该科目期末借方余额,反映合作社拥有的无形资产摊余价值。该科目应按无形资产类别设置明细科目,进行明细核算。

(二) 无形资产取得核算

1. 无形资产取得时的计价

(1) 合作社购入的无形资产,应以实际支付的价款作为入账价值。如果无形资产是与其他资产一同购入的,则应依据所购入各单项资产公允价值的相对比例,将总成本进行分配,以确定无形资产和其他资产的入账价值。

(2) 接受投资转入的无形资产,应以投资各方确认的价值作为入账价值。一般情况下,合作社接受投资转入的无形资产,其入账价值按投资各方确认的价值确定。

(3) 合作社接受捐赠无形资产,其入账价值应分别以下列情况确定。①捐赠方提供了有关凭证的,按凭证上标明的金额加上应支付的相关税费确定。②捐赠方没有提供相关凭证的,按同类或类似无形资产的市场价值加上应支付的相关税费确定。

(4) 合作社自行开发并依法申请取得的无形资产,其入账价值应按依法取得时发生的注册费、律师费等费用确定;依法申请取得前发生的研究与开发费用,应于发生时确认为当期费用。已经计入各期费用的研究与开发费用,在该项无形资产获得成功并依法申请取得专利时,不得再将原已计入费用的研究与开发费用予以资本化。无形资产在确认后发生的支出,应在发生时计入当期损益。

2. 无形资产取得的具体会计处理

(1) 购入的无形资产,按实际支付的价款,借记"无形资产"科目,贷记"库存现金""银行存款"等科目。

例 36:

2020 年年初,合作社购入一项木耳栽培技术,用银行存款支付买价 10 000 元,摊销期限为 5 年。

借:无形资产　　　　　　　　　　10 000
　　贷:银行存款　　　　　　　　　　10 000

(2) 自行开发并按法律程序申请取得的无形资产,按依法取得时发生的注册费、律师费等实际支出,借记"无形资产"科目,贷记"库存现金""银行存款"等科目。

例 37:

2020 年 5 月,大华合作社自行研制一项果树嫁接栽培技术,研究费用 20 000 元,支付注册费 5 000 元,律师费 1 000 元,均以银行存款支付。专利权法定有效年限 10 年。

借:无形资产——专利权　　　　　　6 000
　　贷:银行存款　　　　　　　　　　6 000
借:管理费用　　　　　　　　　　　20 000
　　贷:银行存款　　　　　　　　　　20 000

（3）接受捐赠的无形资产，按照所附发票所列金额加上应支付的相关税费，无所附单据的，按经过批准的价值，借记"无形资产"科目，贷记"专项基金""银行存款"等科目。

例38：

合作社接受某社员捐赠的辣椒酱生产专有技术，批准的价值为10 000元。摊销期限为5年。

  借：无形资产   10 000

    贷：专项基金   10 000

（4）投资者投入的无形资产，按照投资各方确认的价值，借记"无形资产"科目，按经过批准的投资者所应拥有的以合作社注册资本份额计算的资本金额，贷记"股金"等科目，按两者之间的差额，借记或贷记"资本公积"科目。

例39：

2020年1月，沿河牲畜养殖农民专业合作社理事会同意接受成员王鑫以其拥有的养牛技术作价20 000元已入股，占注册资本20 000元。

  借：无形资产——非专利技术 20 000

    贷：股金   20 000

（三）无形资产价值摊销核算

1. 无形资产价值摊销概述

无形资产属于合作社的长期资产，能在较长的时间里给合作社带来效益。但无形资产通常也有一定的有效期限，它所具有的价值的权利或特权总会终结或消失，因此，合作社应将入账的无形资产在一定年限内摊销，其摊销金额计入管理费用，并同时冲减无形资产的账面价值。

无形资产应当自取得当月起在预计摊销年限内分期平均摊销，计入损益。无形资产的摊销年限按如下原则确定。

（1）合同规定受益年限但法律没有规定有效年限的，摊销期不应超过合同规定的受益年限。

（2）合同没有规定受益年限但法律规定有效年限的，摊销期不应超过法律规定的有效年限。

（3）合同规定了受益年限，法律也规定了有效年限的，摊销期不应超过受益年限和有效年限两者之中较短者。

（4）如果合同没有规定受益年限，法律也没有规定有效年限的，摊销期不应超过10年。

无形资产月摊销额＝无形资产原始价值/（预计摊销年限×12）

2. 无形资产摊销核算的会计处理

无形资产摊销核算时，借记"管理费用"科目，贷记"无形资产"科目。

例40：

合作社接受捐赠商标以12 000元入账，按10年直线摊销。

计算每月应摊销的价值＝12 000÷10÷12＝100（元）。

借：管理费用　　　　　　　　　　　　　100
　　贷：无形资产　　　　　　　　　　　　　100

（四）无形资产出租核算

出租无形资产仅仅是将部分使用权让渡给其他单位或个人，出租方仍保留对该项无形资产的所有权，因而仍拥有使用、收益和处置的权利。承租方只能取得无形资产的使用权，在合同规定的范围内合理使用而无权转让。在出租无形资产的情况下，由于出租合作社仍拥有无形资产的所有权,因此,不应转销无形资产的账面摊余价值,出租取得的收入计入"其他收入"科目,发生的与出租有关的各种费用支出、价值摊销,计入"其他支出"科目。

例41:

某农民专业合作社将拥有的一项专利权出租使用权,出租一次收取款项5 000元,同时提供咨询服务,耗用材料750元,应计工资1 000元,支付银行存款500元。

(1)取得租金收入时:

借:银行存款　　　　　　　　　　　　　5 000
　　贷:其他收入——出租无形资产使用权收入　5 000

(2)结转成本时:

借:其他业务支出——转让无形资产使用权支出　2 250
　　贷:银行存款　　　　　　　　　　　　　500
　　　　应付工资　　　　　　　　　　　　1 000
　　　　原材料　　　　　　　　　　　　　　750

(五)无形资产减少核算

合作社所拥有的无形资产,可以依法出售、对外投资和对外捐赠。

1. 无形资产出售核算

合作社出售无形资产,按实际取得的转让收入,借记"银行存款"等科目;按应支付的相关税费,贷记"应付款"等科目,按无形资产的账面余额,贷记"无形资产"科目;按其差额,收益贷记"其他收入——出售无形资产收益",损失借记"其他支出——出售无形资产损失"科目。

例42：

某农民专业合作社将拥有的一项专利权出售，取得收入100 000元，应交的增值税为9 000元。该专利权的账面余额为81 260元。编制会计分录如下：

借：银行存款　　　　　　　　　100 000
　　贷：无形资产　　　　　　　　　81 260
　　　　应付款——应交增值税　　　9 000
　　　　其他收入——出售无形资产收益　9 740

2. 无形资产对外投资核算

合作社将无形资产对外投资时，按照投资各方确认的价值或者合同、协议约定的价值，借记"对外投资"科目；按无形资产账面余额，贷记"无形资产"科目；投资各方确认或协议价与无形资产账面余额之间的差额，借记或贷记"资本公积"科目。

例43：

某农民专业合作社将拥有的一项账面余额为15 000元的专利权，作价24 000元对甲公司进行投资。

借：对外投资　　　　　　　　　24 000
　　贷：无形资产——专利权　　　　15 000
　　　　资本公积——其他公积　　　9 000

3. 无形资产对外捐赠核算

合作社将无形资产对外捐赠，按无形资产账面余额，借记"其他支出"科目，贷记"无形资产"科目。

例44：

合作社将拥有的一项账面余额为23 000元的专利权对外捐赠。

借:其他支出　　　　　　　　　23 000
　贷:无形资产——专利权　　　　　　23 000

第四节　农民专业合作社农业资产核算

一、农业资产概述

农民专业合作社的农业资产包括牲畜(禽)资产和林木资产两个最基本的部分。其核算范围包括牲畜(禽)资产和林木资产的增加、减少以及生产成本的核算。

会计核算中的计算价值又称作计价。农业资产的价值主要体现在牲畜(禽)和林木成长期间增加的价值,在会计工作中主要涉及农业资产购置价值计算、饲养和培植牲畜(禽)及林木成本计算、农业资产摊余价值的计算3个方面。其中,对农业资产购置价值的计算应该按照购入的农业资产购买价及相关税费计算确定,实际就是购入时的支出总额;饲养牲畜(禽)成本是指产役畜成龄之前在饲养过程中发生的费用开支总额;培植林木成本是指经济林木投产前发生的培植费用开支和非经济林木郁闭前的培植费用总额;而摊余价值是指农业资产的购置价格加饲养和培植成本再减去农业资产累计摊销后的净值。摊余价值反映了农民专业合作社拥有农业资产的现有账面价值。

农民专业合作社的农业资产按下列原则计算价值:购入的农业资产按照购买价及相关税费等计算价格计入资产,幼畜及育肥畜的饲养费用、经济林木投产前的培植费用、非经济林木郁闭前的培植费用按实际成本计入相关资产成本。产役畜、经济林木投产后,应将其成本扣除预计残值后的部分在其正常生产周期内按直线法分期摊销,预计净残值率按照产役畜、经济林木成本的5%确定;已提足折耗但未处理仍继续使用的产役畜、经济林木不再摊销。农业资产死亡毁损时,按规定程序批准后,按实际成本扣除应由责任人或者保险公司赔偿的金额后的差额,计入其他收支。

二、牲畜(禽)资产的核算

1. 牲畜(禽)资产核算概述

农民专业合作社的牲畜与禽类资产按照生产特征与核算的要求分为幼畜和育肥畜、产役畜两类;或者幼禽和育肥禽、产品禽两类。其中,幼畜和育肥畜(或幼禽和育肥禽)是指未成龄的猪、羊及鸡、鸭等小畜禽,可以直接出售,还可以继续饲养至产役畜(或产品禽)。产役畜还分为产品畜和役畜(或产品禽)。其中,生产畜或产品禽是指提供繁殖、产奶、剪毛或产蛋用的家畜或家禽,如奶牛、细毛羊、种猪及蛋鸡等;役畜是指从事劳役的家畜,如马、耕牛、骡、驴等。

为了核算农民专业合作社所拥有的牲畜和禽类资产,应设置"牲畜资产"科目和"禽资产"科目。两者都是资产类科目。借方登记农民专业合作社购入的幼畜及育肥畜(或幼禽和育肥禽)时支付的购买价及相关费用,以及饲养过程中发生的饲料、防疫、人工费用;贷方登记幼畜及育肥畜(或幼禽和育肥禽)转为产役畜(或产品禽)时应结转的账面成本,以及幼畜及育肥畜(或幼禽和育肥禽)对外销售、投资或损毁应结转的账面成本；期末余额在借方，表示农民专业合作社拥有的牲畜资产或禽资产的账面成本。本科目应按牲畜或禽类资产的生产阶段及品名设置明细分类科目，进行三级明细核算。

2. 幼畜和育肥畜（或幼禽和育肥禽）核算

幼畜和育肥畜（或幼禽和育肥禽）的核算主要涉及购置、自繁、饲料和人工投入、疫病防治、死亡及将成本结转到产役畜（或产品禽）阶段的业务，除设置总分类账和明细分类账之外，还要设置"畜禽变更登记簿"并由饲养员及时进行数量增减登记，定期与会计账项记录进行核对。购入幼畜和育肥畜（或幼禽和育肥禽）时，会计人员按照幼畜和育肥畜（或幼禽和育肥禽）的买价加相关购置费用作为牲畜资产（或禽资产）的入账价值，根据发票及付款凭证编制会计分录如下：

借：牲畜资产——幼畜和育肥畜（××）或者：禽资产——幼禽和育肥禽（××）

贷：库存现金（或：银行存款、应付款、成员往来）

幼畜和育肥畜（或幼禽和育肥禽）在自繁阶段发生的饲料投入、人工费用、疾病防治等费用开支，属于幼畜和育肥畜（或幼禽和育肥禽）的价值增加，应该在"牲畜资产——幼畜和育肥畜（××）"科目，或者"禽资产——幼禽和育肥禽（××）"科目的借方进行反映。发生相关费用时，根据有关出库单、工资费用分配表、支出凭单或转账支票存根等单据，编制会计分录如下：

借：牲畜资产——幼畜和育肥畜（××）或者：禽资产——幼禽和育肥禽（××）

贷：产品物资——××

第二章 农民专业合作社资产核算

应付工资

库存现金（或：银行存款）

幼畜和育肥畜（或幼禽和育肥禽）出售时，会计人员按照收到的价款反映经营收入，同时按照账面成本结转经营支出，编制会计分录如下：

借：库存现金（或：银行存款、应收款）

贷：经营收入——牲畜和禽类

借：经营支出——牲畜和禽类

贷：牲畜资产——幼畜和育肥畜（××），或者，禽资产——幼禽和育肥禽（××）

幼畜和幼禽发育成熟转到产役畜和产品禽时，按照幼畜和育肥畜（或幼禽和育肥禽）的账面成本从幼畜和育肥畜（或幼禽和育肥禽）明细分类账户结转至产役畜和产品禽明细分类账户，根据成本账面资料编制会计分录如下：

借：牲畜资产——产役畜（××），或者，禽资产——产品禽（××）

贷：牲畜资产——幼畜和育肥畜（××），或者，禽资产——幼禽和育肥禽（××）

按照幼畜和育肥畜（或幼禽和育肥禽）在自繁阶段出现了死亡毁损，应追究有关责任人的责任，按照批准的责任人赔偿金额、保险公司理赔确认书以及净损失金额，编制会计分录如下：

借：成员往来——×责任人

应收款——×保险公司

其他支出——畜禽死亡损毁

贷：牲畜资产——幼畜和育肥畜（××），或者，禽资

产——幼禽和育肥禽（××）

例45：

农民专业合作社购入小牛犊20只，单价1 000元，计20 000元，同时支付运费500元。小牛犊已交给饲养员开始饲养，所有款项用现款结算。会计人员根据付款凭证编制会计分录如下：

借：牲畜资产——幼畜和育肥畜（牛）　　20 500
　　贷：库存现金　　　　　　　　　　　　　　20 500

饲养员本月从合作社领出牛饲料7 000元，防疫苗注射500元，应分配人工费2 500元。根据出库单、兽医站费用发票、支出凭证及工资费用分配表等单据，编制会计分录如下：

借：牲畜资产——幼畜和育肥畜（牛）　　10 000
　　贷：产品物资——饲料　　　　　　　　　　7 000
　　　　应付工资　　　　　　　　　　　　　　2 500
　　　　库存现金　　　　　　　　　　　　　　　500

数月后，出售2头小牛犊，按照"幼畜和育肥畜（牛）"明细账户累计的账面成本40 000元计算，其单位成本应该是2 000元，所出售两头牛的销售成本应该是4 000元；出售收入6 300元已经收到现款存入银行。会计人员根据成本资料及现金送款簿回单联，编制会计分录如下：

借：银行存款　　　　　　　　　　　　　6 300
　　贷：经营收入——牲畜和禽类　　　　　　　6 300
借：经营支出——牲畜和禽类　　　　　　2 000
　　贷：牲畜资产——幼畜和育肥畜（牛）　　　2 000

经历一段时期后，所剩18头牛有1头因车祸死亡，相关责任人交来赔偿款1 500元，保险公司赔款600元，其余款项列作农民专业合作社损失而计入其他支出项目。本期间牛的单位账面成本已累计至每头2 500元。会计人员根据现金收据、保险公司理赔确认书及合作社负责人的批示意见，编制会计分录如下：

借：其他支出——畜禽死亡损毁　　　　　400
　　应收款——×保险公司　　　　　　　600
　　库存现金　　　　　　　　　　　　1 500
　贷：牲畜资产——幼畜和育肥畜（牛）　2 500

若干年后，所剩17头牛已经成为成年牛，进入"产役畜"明细分类科目核算，累计的账面成本已达41 000元。根据有关账面成本资料编制会计分录如下：

借：牲畜资产——产役畜（牛）　　　　41 000
　贷：牲畜资产——幼畜和育肥畜（牛）　41 000

3. 产役畜（或产品禽）核算

产役畜（或产品禽）的核算主要涉及购入时的计价、摊销额的计提、死亡损毁的核销及销售成本的结转几个方面。除设置总分类账和明细分类账之外，还要设置"畜禽变更登记簿"并由饲养员及时进行数量增减登记，定期与会计账项记录进行核对。购入产役畜（或产品禽）时，会计人员按照产役畜（或产品禽）的买价加相关购置费用作为牲畜资产（或禽资产）的入账价值，根据发票及付款凭证编制会计分录如下：

借：牲畜资产——产役畜（××），或者，禽资产——产品禽（××）
　贷：库存现金（或银行存款、应付款、成员往来）

产役畜（或产品禽）在饲养阶段发生的饲料投入、人工费用、疾病防治等费用开支，属于产役畜（或产品禽）管护费用的增加，应该计入"牲畜资产——产役畜（××）"科目，或者"禽资产——产品禽（××）"科目的借方进行反映。发生相关费用时，根据有关出库单、工资费用分配表、支出凭单或转账支票存根等单据，编制会计分录如下：

借：牲畜资产——产役畜（××），或者，禽资产——产品禽（××）

贷：产品物资——××

应付工资

库存现金（或：银行存款）

由于产役畜（或产品禽）可以连续多年为农民专业合作社进行劳作或提供繁殖和产品，因而其购置成本或在幼畜和育肥畜（幼禽和育肥禽）阶段形成的最终账面成本扣除生存期满时的净残值（按产役畜最初成本5%确定），应该根据畜禽的预计生存年数进行平均摊销，计入"经营支出"科目。编制会计分录如下：

借：经营支出——牲畜和禽类

贷：牲畜资产——产役畜（××），或者，禽资产——产品禽（××）

产役畜（或产品禽）出售时，会计人员按照收到的价款反映经营收入，同时按照账面净值结转经营支出，编制会计分录如下：

借：库存现金（或银行存款、应收款）

贷：经营收入——牲畜和禽类

借：经营支出——牲畜和禽类

贷：牲畜资产——产役畜（××），或者，禽资产——产品禽（××）

产役畜（或产品禽）在饲养阶段出现了死亡毁损，应追究有关责任人的责任，按照批准的责任人赔偿金额、保险公司理赔确认书以及净损失金额，编制会计分录如下：

借：成员往来——×责任人

　　应收款——×保险公司

　　其他支出——畜禽死亡损毁

　贷：牲畜资产——产役畜（××），或者，禽资产——产品禽（××）

例46：

农民专业合作社购入成年牛5头，单价3 500元，计17 500元。所购牛交给饲养员开始饲养，所有款项用现款结算。会计人员根据付款凭证编制会计分录如下：

借：牲畜资产——产役畜（牛）　　　17 500

　贷：库存现金　　　　　　　　　　　　17 500

饲养员本月从合作社领出牛饲料4 000元，应分配人工费2 000元。根据出库单及工资费用分配表等单据，编制会计分录如下：

借：经营支出——牲畜和禽类　　　　6 000

　贷：产品物资——饲料　　　　　　　　4 000

　　　应付工资　　　　　　　　　　　　2 000

若5头牛的平均生存年限是15年，按月计提5头牛的摊销额92.36元[17 500×（1-5%）÷15÷12]，根据摊销费用计提表编制会计分录如下：

借：经营支出——牲畜和禽类　　　　92.36

　贷：牲畜资产——产役畜（牛）　　　　92.36

数月后,出售其中 1 头牛,按照"产役畜(牛)"明细账户所载账面成本 20 000 元计算,其单位销售成本应该是 4 000 元;出售收入 4 500 元已经收到现款存入银行。会计人员根据成本资料及现金送款簿回单联,编制会计分录如下:

  借:银行存款   4 500
    贷:经营收入——牲畜和禽类   4 500
  借:经营支出——牲畜和禽类   4 000
    贷:牲畜资产——产役畜(牛) 4 000

某月,由于生病有 1 头牛死亡。保险公司赔款 600 元,其余款项列作农民专业合作社损失而计入其他支出项目。会计人员根据保险公司理赔确认书及合作社负责人的批示意见,编制会计分录如下:

  借:其他支出——畜禽死亡损毁   3 400
    应收款——×保险公司   600
    贷:牲畜资产——产役畜(牛) 4 000

三、林木资产的核算

(一)林木资产核算概述

林木资产是农民专业合作社种植的多年生植物资产,如果树、木材林、观赏林木等。主要包括经济林木和非经济林木。经济林木以销售补偿成本获取收益为主要目的,非经济林木以保护环境和观赏为主要目的。林木资产的核算应设置以下科目。

"林木资产"(资产类)科目。该科目核算合作社购入或营造的林木资产成本。借方登记购入林木资产采购成本(买价和相关税费),购入或营造的经济林木投产前、非经济林木郁闭前发生的培植费用；贷方登记经济林木投产后分期摊销的成本以及林木资产整体转让、砍伐出售、死亡毁损结转冲减的账面价值。该科目期末借方余额，反映合作社购入或营造林木的账面余额。

该科目应设置"经济林木"和"非经济林木"两个二级科目，按林木的种类设置三级科目，进行明细核算。

（二）经济林木的核算

经济林木是指用于作为农民专业合作社生产工具的林木资产，特点是能够重复生产出相应的产品，其成本是通过不断生产出的产品的销售获得收入得到补偿。经济林木主要有橡胶树、果树、油桐、油茶、核桃树、桑树、茶树等。其核算主要涉及经济林木取得时的计价、生产成本的核算、折耗的计提以及对外销售产品、采伐出售时成本的结转。

经济林木的核算应设置"林木资产——经济林木"科目进行，这是资产类科目，是"林木资产"科目的明细分类科目。借方登记购入或营造的经济林木的实际成本，包括购入经济林木时支付的购买价格和相关费用，以及在经济林木投产前发生的培植费用开支；贷方登记经济林木资产的摊销价值，以及对外售出、投资和毁损时应结转的账面价值；期末余额在借方，表示农民专业合作社所拥有经济林木的实际成本。实际核算时应按经济林木的名称或营造阶段设置明细科目（细目）进行三级明细核算。

1. 林木资产购置核算

农民专业合作社购入经济林木时，会计人员按照林木的买价加相关购置费用作为林木资产的入账价值，根据发票及付款凭证编制会计分录如下：

借：林木资产——经济林木［××果（树）苗、或××树抚育、××育成树］

贷：库存现金（或银行存款、应付款）

若购入的经济林木资产属于树苗或抚育阶段的非育成树，则其需要进一步营造成育成树后才能投入正常的产品生产，因而会涉及林木资产培植成本的核算；若购入的林木资产是可以直接投入产品生产的育成树，则只是涉及管护费用的核算，不涉及林木资产培植成本的核算。

2. 育苗和定植抚育核算

树苗的育苗成本由苗圃生产费用和起苗成本组成。其中，苗圃生产费用主要是指起苗前发生的苗圃费用，包括直接材料、直接人工和其他相关直接费用。发生相关费用时，按照出库单、工资费用分配表借记"林木资产——经济林木［××果（树）苗］"科目，贷记"产品物资"科目和"应付工资"科目。起苗成本是指产出树苗的生产成本，包括产出树苗应负担的苗圃费用和起苗费用。归集的起苗成本需要在树苗的产成品与在产品之间进行分配。其分配的方法主要是采用面积比例法和株数比例法进行分配确定。

若起苗后直接出售的，按照树苗的产成品成本，借记"经营支出"科目，贷记"林木资产——经济林木［××果（树）苗］"科目；若起苗后抚育，则树苗仍是村经济组织的经济林木资源，仍属于农民专业合作社的资产，只是进入了定植抚育阶段。因而在会计核算方面，应将树苗产成品成本结转至"林木资产——经济林木（××树抚育）"科目继续核算下一阶段的抚育成本，借记"林木资产——经济林木（××树抚育）"科目，贷记"林木资产——经济林木（××果（树）苗）"科目。

定植抚育成本是指经济林木从移苗定植到交付使用期间所发生的费用开支，主要是树苗费、人工费、病虫防治费以及管护费用支出。发生相关费用开支时，按照出库单、工资费用分配表借记"林木资产——经济林木（××树抚育）"科目，贷记"产品物资"科目和"应付工资"科目。

例47：

合作社2017年1月向沿河洞口桥乡租入荒山坡200亩，用于建造梨树果园，梨园挂果前每年租金100元/亩，挂果后每年200元/亩，租赁期20年，租金每年末支付一次。向重庆梨树种植场购入梨树幼苗5 000棵，买价5元/棵，支付运费2 000元，存款支付。

（1）购入梨树幼苗。

借：产品物资——梨树幼苗　　　　　27 000
　　贷：银行存款　　　　　　　　　　27 000

（2）临时聘请沿河洞口桥乡农民成员20人种植梨树苗，种植人工费100元/天，共计种植10天，人工费尚未支付。

借：林木资产——经济林木　　　　　47 000
　　贷：产品物资——梨树幼苗　　　　27 000
　　　　成员往来——××成员　　　　20 000

发放人工费：

借：成员往来——××成员　　　　　20 000
　　贷：库存现金　　　　　　　　　　20 000

（3）长期聘请沿河洞口桥乡农民成员10人作为合作社梨树果园管理人员，月工资1 000元/人。

借：林木资产——经济林木　　　　　　　10 000
　　贷：应付工资　　　　　　　　　　　　　10 000
发放工资：
借：应付工资　　　　　　　　　　　　　10 000
　　贷：库存现金　　　　　　　　　　　　　10 000

(4) 每年耗用复合肥 500 千克，买价 12 元/千克。
借：林木资产——经济林木　　　　　　　 6 000
　　贷：产品物资——复合肥　　　　　　　　 6 000

(5) 第一年末支付土地租金 20 000 元。
借：林木资产——经济林木　　　　　　　20 000
　　贷：银行存款　　　　　　　　　　　　　20 000

(6) 梨树果园成活 4 800 棵，于 2020 年全部挂果，预期受益年限 10 年。2020 年收获糖梨 72 000 千克，全部对外销售，售价 8 元/千克。为采摘果实临时聘请沿河洞口桥乡农民成员 30 人，劳务费 21 600 元。聘请专门的销售团队支付销售费 30 000 元。

第一，梨树果园原始成本计算及价值摊销，见表 2-1。

表 2-1　梨树果园原始成本计算　　　　　单位：元

成本项目	2017 年	2018 年	2019 年	总成本	单位成本
树苗费	27 000			27 000	5.63
人工费	140 000	120 000	120 000	380 000	79.17
肥料费	6 000	6 000	6 000	18 000	3.75
场地租金	20 000	20 000	20 000	60 000	12.50
合计	193 000	146 000	146 000	485 000	101.05

2020 年梨树果园价值摊销 = 485 000×(1-5%)/10 = 46 075 (元)
借：经营支出　　　　　　　　　　　　　46 075

  贷：林木资产——经济林木　　　　　　46 075
第二，采摘人工费、销售费：
借：经营支出　　　　　　　　　　　　51 600
  贷：成员往来——××成员　　　　　21 600
    应付款——××销售公司　　　　30 000
第三，实现销售收入：
借：银行存款　　　　　　　　　　　　576 000
  贷：经营收入　　　　　　　　　　　576 000
第四，2020年管理人工费、肥料和场地租金：
借：经营支出　　　　　　　　　　　　166 000
  贷：应付工资　　　　　　　　　　　120 000
    产品物资——复合肥　　　　　　6 000
    银行存款　　　　　　　　　　　40 000

  （7）2020年12月因管理不善，3棵梨树被砍伐，造成经济损失。

  3×（485 000-46 075）/4 800=274.33（元），由管理人员赔偿。

借：成员往来——××成员　　　　　　274.33
  贷：林木资产——经济林木　　　　　274.33

  （三）非经济林木的核算

  非经济林木是指只有通过砍伐后出售才能对其成本进行补偿的林木资产。非经济林木主要有杨树、松树、柏树、梧桐、柳树等。农民专业合作社购入和栽培非经济林木主要是为了村庄的绿化和环境改善。非经济林木核算主要涉及非经济林木取得时的计价、培植和管护费用的核算以及采伐出售时账面成本的结转。

非经济林木的核算应设置"林木资产——非经济林木"科目进行，这是资产类科目，是"林木资产"科目的明细分类科目。借方登记购入或营造的非经济林木的实际成本，包括购入非经济林木时支付的购买价格和相关费用以及非经济林木郁闭前发生的培植费用开支；贷方登记非经济林木资产的对外售出、投资和毁损时应结转的账面价值；期末余额在借方，表示农民专业合作社所拥有的非经济林木的实际成本。实际核算时应按非经济林木的名称设置明细科目（细目）进行三级明细核算。

1. 非林木资产购置核算

农民专业合作社购入非经济林木时，会计人员按照林木的买价加相关购置费用作为非林木资产的入账价值，根据发票及付款凭证编制会计分录如下：

借：林木资产——非经济林木（××树）
　　贷：库存现金（或银行存款、应付款）

若购入的非经济林木处于郁闭前阶段，则其仍需要进一步发生培植费用开支，因而会涉及林木资产培植成本的核算；待非经济林木进入郁闭后阶段，则只是涉及管护费用的核算，不涉及林木资产培植成本的核算。

2. 郁闭前的核算

非经济林木郁闭前发生的费用属于培植费用，主要是病虫害防治、防护、施肥费用开支。发生相关费用时，按照出库单、工资费用分配表借记"林木资产——非经济林木（××树）"科目，贷记"产品物资"科目和"应付工资"科目。

3. 郁闭后的核算

非经济林木郁闭后发生的费用属于管护费用开支，不再计入成本，而是计入"经营支出"科目反映。发生相关费用时，按照出库单、工资费用分配表借记"其他支出"科目，贷记"产品物资"科目和"应付工资"科目。

4. 采伐出售核算

农民专业合作社对非经济林木进行砍伐出售，应具备相关的批准手续，同时，根据账面成本借记"经营支出"科目，贷记"林木资产——非经济林木（××树）"科目；根据现金收款凭证或者银行入账通知等借记"库存现金""银行存款"或"应收款"科目，贷记"经营收入"科目

例48：

某合作社为开发七柱山旅游景点，2020年2月购入景观树100棵，买价500元/棵，聘请成员农民种植和维护发生人工费2 000元。

借：林木资产——非经济林木　　　　52 000
　　贷：银行存款　　　　　　　　　　50 000
　　　　成员往来——××成员　　　　 2 000

第五节　农民专业合作社对外投资核算

一、对外投资核算概述

（一）对外投资的概念和目的

1. 对外投资的概念

对外投资是指合作社为通过分配来增加财富，或为谋求其他利益，而将资产让渡给其他单位所获得的另一项资产。《农民专业合作社财务会计制度（试行）》规定，合作社除了将资产用

于本身的生产经营服务活动以外，还可以根据国家法律、法规和政策的规定，将资产投资到其他单位进行对外投资。主要包括货币资金投资、实物资产投资和购买股票、债券等有价证券方式向其他单位投资。

对外投资与合作社自主使用的资产相比，主要有两个方面特征。一是对外投资是以让渡某项资产而换取的另一项资产。如用货币资金购买股票，是合作社将其拥有的货币资金让渡给其他单位，以换取对方股权的投资。这项资产与其他资产一样，预期会给合作社带来经济利益，是谋求经济利益的。二是对外投资所流入合作社的经济利益与其他资产为合作社带来的经济利益在形式上有所不同。如合作社生产、加工、出售产品物资可以直接带来经济利益，而对外投资通常是将合作社的资产转让给其他单位，通过其他单位使用这些资产而创造效益后分配取得的。

2. 对外投资的目的

合作社除了将资金用于自身正常的生产经营活动之外，还可以将一部分资金用于对外投资。当然，对外投资是建立在合作社资金满足正常的生产经营活动需要之外还有暂时闲置的前提下，为了发掘这部分闲置资金的潜力，合作社有必要将这部分资金对外投资，以便为合作社带来更大的经济效益。但随着合作社的不断发展壮大，其对外投资的目的也会随之发生变化，有的可能为将来扩大规模积累财富，有的可能为在市场竞争中占有优势而影响或控制其他单位经济业务，有的还可能仍是为了有效利用闲置资金。

（二）对外投资的核算

合作社应设置"对外投资"账户。核算合作社持有的各种对外投资，该账户为资产类账户。账户的借方登记合作社各种对外投资的金额，包括股票投资、债券投资和合作社兴办企业等投资。账户的贷方登记收回对外投资的金额。账户期末借方余额，反映合作社对外投资的实际成本。

合作社以现金或实物资产（含牲畜和林木）等方式进行对外投资时，按照实际支付的价款或合同、协议确定的价值，借记"对外投资"账户，贷记"现金""银行存款"等账户；协议约定的实物资产价值与原账面余额之间的差额，借记或贷记"资本公积"账户；收回投资时，按实际收回的价款或价值，借记"现金""银行存款"等账户；按投资的账面余额，贷记"对外投资"账户；实际收回的价款或价值与账面余额的差额，借记或贷记"投资收益"账户。

获得分配股利或利润时，借记"应收款"等账户，贷记"投资收益"等账户；实际收到现金股利或利润时，借记"库存现金""银行存款"等账户，贷记"应收款"账户；获得股票股利时，不作账务处理，但应在备查簿中登记所增加的股份；投资发生损失时，按照应由责任人和保险公司赔偿的金额，借记"应收款""成员往来"等账户，按照扣除由责任人和保险公司赔偿金额后的净损失，借记"投资收益"账户，按照发生损失对外投资的账面余额，贷记"对外投资"账户。

（三）投资收益的核算

投资收益是指投资所取得的收益扣除发生的投资损失后的数额。投资收益包括对外投资分得的利润、现金股利和债券利息，以及投资到期收回或者中途转让取得款项高于账面余额的差额等。投资损失包括投资到期收回或者中途转让取得款项低于账面余额的差额。

为了反映合作社对外投资取得的收益或发生的损失,应设置"投资收益"账户进行核算。合作社取得投资收益时,借记"库存现金""银行存款"等账户,贷记"投资收益"账户;到期收回或转让对外投资时,按实际取得的价款,借记"库存现金""银行存款"等账户,按原账面余额,贷记"对外投资"账户;按实际取得价款和原账面余额的差额,借记或贷记"投资收益"账户。

年终,应将本账户的余额转入"本年盈余"账户的贷方;如为净损失,转入"本年盈余"账户的借方,结转后账户应无余额。

二、对外股权投资的核算

对外股权投资是指合作社以购入股票的方式,对其他单位所进行的长期投资。

例49:

合作社购买股票1 000股,股票价格35元,打算长期持有,购买时,手续费1 500元,款项均以银行存款支付。

(1) 实际支付款项时:

借:对外投资——股票投资　　　　　36 500
　　贷:银行存款　　　　　　　　　　　　　36 500

(2) 获得分配现金股利,每股2元:

借:应收款——应收股利　　　　　　2 000
　　贷:投资收益　　　　　　　　　　　　　2 000

(3) 合作社收到发放的股利2 000元:

借:银行存款　　　　　　　　　　　2 000

贷：应收款——应收股利　　　　　　　2 000

　　（4）合作社决定卖出股票，售价60 000元，款收到并存入银行：

　　借：银行存款　　　　　　　　　　　　60 000
　　　　贷：对外投资——股票投资　　　　　36 500
　　　　　　投资收益　　　　　　　　　　　23 500

三、对外债权投资的核算

　　对外债权投资是指合作社以购买债券的方式，对其他单位所进行的长期投资。

　　例50：

　　合作社于2020年7月1日购买当年1月1日发行的两年期到期一次还本付息、面值为10 000元的债券，年利率为6%，截至购买日的利息为300元（10 000×6%/2），实际支付款项为10 300元。编制会计分录如下：

　　（1）支付款项时：

　　借：对外投资——债券投资　　　　　　10 300
　　　　贷：银行存款　　　　　　　　　　　10 300

　　（2）2020年12月，合作社收到债券利息600元：

　　借：库存现金　　　　　　　　　　　　　 600
　　　　贷：投资收益　　　　　　　　　　　　 600

　　（3）合作社于2021年2月1日将2020年7月1日购入债券转让，转让价为10 800元：

　　借：银行存款　　　　　　　　　　　　10 800
　　　　贷：对外投资——债券投资　　　　　10 300

| 投资收益 | 500 |

四、实物资产对外投资的核算

合作社以实物资产方式进行对外投资时，按照评估确认价值或者合同、协议约定的价值，记入"对外投资——其他投资"账户的借方，按实物资产的账面价值，记入"产品物资""固定资产""牲畜（禽）资产""林木资产"等账户的贷方；按照评估确认或者合同、协议约定的价值与实物资产的账面价值之间的差额，记入"资本公积"账户。

收回实物资产对外投资时，借记"固定资产""银行存款"等账户，贷记"对外投资——其他投资""累计折旧"等账户。投出的资金数额与收回的投资数额有差额时，其差额作为投资收益处理。

例51：

合作社以取奶机对乡奶牛厂进行投资，期限2年，该取奶机账面价值20 000元，已提折旧9 000元，经评估确定其价值为15 000元。

（1）确认对外投资价值：

借：对外投资——其他投资	15 000
累计折旧	9 000
贷：固定资产——取奶机	20 000
资本公积	4 000

（2）两年后合作社收回这台取奶机，计算应提折旧为12 000元：

借：固定资产——取奶机　　　　　　　20 000

    投资收益　　　　　　　　　　　7 000
    贷：累计折旧　　　　　　　　　12 000
    　　对外投资　　　　　　　　　15 000

第三章 农民专业合作社生产成本核算

第一节 生产成本核算概述

一、成本核算的概念

农产品成本,是指农民专业合作社在生产农产品过程中所发生的农业生产资料、饲料等直接材料费、直接人工费和按规定应计入的间接费用。

成本核算是对种植业、养殖业、服务业和劳务业等生产经营过程中实际发生的成本进行归集和分配、核算和计算。核算时应区分资产成本、生产成本及销售成本。

农民专业合作社通过成本核算,一方面,可以审核各项生产成本、服务和劳务成本的实际支出,分析和考核成本计划的执行情况,分析和对比实际成本的升降情况,促使农民专业合作社降低成本;另一方面,可以计算农民专业合作社的盈余,分析成本的构成和预测情况,有助于提高农民专业合作社的生产和经营管理水平。

二、成本核算的特点

1. 成本核算对象的特点

成本核算对象,应从成本核算特点和加强成本管理的角度确定。

种植业、养殖业成本核算的对象是农产品。农产品具有产品单一、产品鲜活、产品不能长期存库、生产周期较长等特点。

服务、劳务业成本核算的对象是服务和劳务大类、种类。劳务和服务具有面广量大、规模大小不等、功能差异性大等特点。

2. 成本计算期的特点

成本计算期,应从正确核算成本和客观自然周期的角度确定。

种植业、养殖业的成本计算期,具有生产周期与成本计算期不一致、成本计算期内直接材料费和直接人工费等生产成本发生不均匀等特点。

农产品的收获期,有的为一个月,有的则是几个月,有的甚至跨年度。因此,在确定农产品成本计算期时,应当与其生产周期保持一致。农产品生产成本计算的截止时间,应当计算至农产品入库或达到可销售状态时为止,也就是以农产品从种植到收获的时期,即"收获期"作为成本计算期,计算农产品的成本。

服务和劳务业的成本计算期,一般具有按月作为成本计算期的特点。服务和劳务业按月计算服务和劳务成本。

三、成本核算的要求

（一）做好各项基础工作

1. 做好物资收、发、存记录

物资是农民专业合作社的生产经营之本，也是生产成本、服务和劳务成本的主要项目。

物资的收、发、存方法有永续盘存制、实地盘存制、传统做法和直接成本法等。"永续盘存制"方法即"账实核对"方法，物资的收进、发出都要登记，然后结出账存数，并与实存数核对，如有盘盈、盘亏，分析原因，及时处理；"实地盘存制"方法即"以存计耗"方法，平时物资只登记收进，不登记发出，期末或农产品收获时根据盘存数，倒算出发出成本；"传统做法，即"以存冲本"方法，平时购进物资直接作为成本，期末或农产品收获时根据盘存数，冲减发出成本；"直接成本法"即"直接成本"方法，平时购进物资直接作为成本，期末或农产品收获时也不进行盘点。其中，"永续盘存制"方法记录物资的收、发、存最准确，但较烦琐。

农民专业合作社应根据自身的客观情况，确定一个或几个物资的收、发、存方法。但无论采取何种方法，物资应指定专人负责保管，购进物资要验收数量、把关质量、审核价格，领用物资要有手续，保管物资要关注物资是否长期积压、是否时效过期，防止物资霉烂变质。为了加强物资的管理，物资仓库可采取简便实用的"双把锁"。

对多种类别经营或规模较大或经营管理需要的服务和劳务业合作社，物资的收、发、存记录，应采用"永续盘存制"方法；

对单一类别经营的种植业、养殖业和服务业合作社,物资的收、发、存记录,可采用"实地盘存制"方法或"传统做法"或"直接成本法"。

2. 做好出勤工时记录

出勤工时是农民专业合作社计算工资的依据,也是生产成本、服务和劳务成本的主要项目。

农民专业合作社的出勤工时,应指定专人负责记录。

种植业和养殖业,按种植、养殖大类或种类,按日记录出勤,按月汇总。

服务业和劳务业,按服务、劳务大类或种类,按日记录出勤,按月汇总。

3. 做好产量、服务量和劳务量等记录

产量、服务量和劳务量等是反映、考核农民专业合作社业绩和计算单位成本的依据,也是计算工资、奖金的依据。

农民专业合作社的产量、服务量和劳务量,应指定专人负责记录。

种植业和养殖业,按农产品收获日记录农产品种类、品名及产量,按月汇总。

服务业和劳务业,按服务、劳务大类或种类,按日记录服务量或劳务量,按月汇总。

(二)健全财务流程

农民专业合作社规范的财务流程如下。

一是指定专人按需要并经批准购买本合作社生产经营所需要的主要物资和其他物资。

二是经手人必须取得合法的原始凭证,注明用途并签章。

三是证明人或验收人审核签章,涉及购入生产、服务和劳务等主要物资的,应附有收料单等验收证明。

四是理事长审批。

五是经手人向出纳员报销。

六是出纳员应定期(至少一个月)向会计报账。

四、成本核算的方法

农民专业合作社的成本核算,采用"权责发生制"原则。凡应归属于本期农产品、服务和劳务成本的,各项成本都必须及时结算,无论款项是否支付,都应当作为本期的成本。

根据税务有关部门规定,农民专业合作社销售自产农产品和经营农机作业等,享受免征增值税优惠政策。因此,对于有免征增值税的合作社,无论是小规模纳税人还是一般纳税人,免征增值税部分进项税额不得抵扣,均应计入农产品成本或产品物资。

农民专业合作社的成本核算方法一般有品种法、分批法、订单法、分类法等,应按照生产经营的经济规律和正常客观的自然规律,从本合作社的实际情况出发,因地制宜,科学、合理、正确地进行农产品成本、服务和劳务成本核算。

(一)农产品成本核算的方法

农产品成本核算一般采用品种法、分批法和订单法等方法。

1. 品种法

品种法是以农产品的品种或类别作为成本核算对象,按相应的成本项目,归集和分配生产成本,计算农产品成本的一种方法。这种方法适用于一年内一次收获的单一品种农产品,如种植水稻、西瓜、养殖鱼、虾等(不包括养殖特种水产品)。

第三章 农民专业合作社生产成本核算

2. 分批法

分批法是以农产品的品种或类别、批别作为成本核算对象，按品种法相同的成本项目，归集和分配生产成本，计算农产品成本的一种方法。这种方法适用于一年内多批次收获的农产品，如保护田种植番茄、茄子等蔬菜，养殖猪、鸡、鸭等畜禽。

3. 订单法

根据农产品生产和销售订单，种植农作物或养殖畜禽、水产品。

对于一次种植或养殖，一次或同一时期收获并销售或入库的农产品，本月的销售成本或入库成本，即为本月该农产品归集和分配的全部生产成本。

对于一次种植或养殖，在不同时期多次收获、多次销售的农产品，本月的销售成本要视该农产品预期产量、市场行情和本月销售量、销售价格等因素，进行职业判断估计，一般可按本月销售收入的70%~90%作为本月的销售成本。至该农产品全部收获后，再根据销售或入库的农产品数额，结转剩余的农产品生产成本。

不论是一次种植或养殖、一次或同一时期收获并销售或入库的农产品，还是一次种植或养殖、在不同时期多次收获、多次销售的农产品，为简化结转生产成本，可在该农产品生产成本各成本项目的后面添加"成本结转"。结转生产成本时，借贷三栏式账户记"贷方"，多栏式账户以"—"号表示。

在农产品全部收获或年度终了时，除了不予结转的跨年度收获的农产品生产成本以外，其余农产品生产成本的各成本项目金额，应全部转入"成本结转"，结平各成本项目金额。

（二）服务和劳务业成本核算的方法

服务和劳务业成本核算一般采用分类法。

分类法是以服务和劳务大类、种类作为成本核算对象，按相应的服务和劳务大类成本项目，归集和分配服务、劳务成本。

第二节　种植业的成本计算

种植业作物包括粮食作物、经济作物、饲料作物、蔬菜栽培等一年生农作物及橡胶、果、桑、茶树等多年生农作物，也包括药用植物。种植业的成本核算一般应以每种作物作为成本计算对象，单独核算其成本。但有时候会出现小面积、多品种的情况，这种情况以每类作物为成本计算对象，先计算各类作物的总成本，再按一定的标准分摊到各作物品种中去，例如，按产量、工时、农药和化肥投入、生长季长短等确定该类中各种作物的产品成本，并对不同收获期的同一种作物分别核算。由于农作物的生产周期长，产品单一，收获期比较集中，各项费用在年度中发生不均匀。所以，种植业一般应以一年计算一次成本。

种植业产品成本项目主要包括：材料费用、工资费用、其他费用及往年费用。材料费用是在生产中直接耗用的资产或外购的种子、种苗、肥料、农药等费用。工资费用是指直接从事农业生产人员的工资及福利费用。其他费用是指除了材料、工资费用以外的其他各项费用，如机械作业费、灌溉费、田间运输费、折旧费、修理费等。往年费用是指多年生作物投产前发生的，按一定摊销方法摊入本期产品的费用，包括秋耕地费用、越冬地作物费用等。

一、一年生农作物产品成本计算

一般农作物在完成生产过程后,可以生产出主产品和副产品。主产品是生产的主要目的产品,如水稻、玉米等。副产品是在生产过程中随着主产品附带收获的产品,如稻草等。由于主产品和副产品是通过同一生产过程产出的,所以,同一种作物的全部生产费用应该由它的主产品和副产品共同负担,将费用在主产品和副产品之间进行分配,一般有两种分配方法。

1. 估价法

估价法就是对副产品按市场价格进行估价,以此作为副产品的成本。主产品的成本计算公式为:

主产品总成本=生产费用总额-副产品价值

2. 比率法

比率法就是按照一定的比率把生产费用总额在主产品和副产品之间进行分配的方法。计算公式为:

$$\text{分配率}(\%) = \frac{\text{实际总成本}}{\text{主、副产品计划成本之和}} \times 100$$

主产品实际总成本=主产品计划成本×分配率,副产品实际总成本=副产品计划成本×分配率。

例1:

某水稻生产专业合作社,当年收获水稻60 000千克,每千克计划成本0.5元,稻草70 000千克,每千克计划成本0.02元,本年实际生产费用总额为28 800元,用比率法计算水稻和稻草的实际成本。

$$\text{分配率}(\%) = \frac{28\ 800}{60\ 000 \times 0.5 + 70\ 000 \times 0.02} \times 100$$

$$= \frac{28\ 800}{31\ 400} \times 100 = 91.72\%$$

水稻实际总成本 = 30 000×91.72% = 27 516（元）

水稻单位成本 = 27 516÷60 000 = 0.46（元/千克）

稻草实际总成本 = 1 400×91.72% = 1 284（元）

稻草单位成本 = 1 284÷70 000 = 0.018（元/千克）

为简化成本计算，合作社生产的某些产品可以按合并的作物类别计算生产成本。计算产品成本时，一般采用计划成本比率法，计算公式为：

$$分配率(\%) = \frac{实际总成本}{某类作物计划总成本} \times 100$$

某种农作物的成本 = 该种农作物的计划成本×分配率

例2：

某蔬菜种植专业合作社，本月收获番茄10 000千克，每千克计划成本0.8元，马铃薯5 000千克，每千克计划成本0.7元，辣椒10 000千克，每千克计划成本0.9元。3种蔬菜实际发生生产费用为19 270元，用计划成本比率法计算3种蔬菜的实际成本。计算结果如表3-1所示。

表3-1 生产费用分配

××××年××月

蔬菜名称	产量（千克）	计划成本		实际成本	
		单价（元/千克）	金额（元）	单价（元/千克）	金额（元）
番茄	10 000	0.8	8 000	0.752	7 520
马铃薯	5 000	0.7	3 500	0.658	3 290

第三章 农民专业合作社生产成本核算

(续表)

蔬菜名称	产量（千克）	计划成本		实际成本	
		单价（元/千克）	金额（元）	单价（元/千克）	金额（元）
辣椒	10 000	0.9	9 000	0.846	8 460
合计			20 500		19 270

其中，

$$分配率(\%) = \frac{19\,270}{20\,500} \times 100 = 94$$

利用苗床或温室栽培各种蔬菜所发生的各种生产费用，当合并计算时，可以按照苗床格日成本和温室每平方米日成本计算各种蔬菜的总成本和单位成本。计算公式为：

$$温床格日成本 = \frac{生产费用总额}{各种温床蔬菜生长期间占用温床格日数}$$

$$温室每平方米日成本 = \frac{生产费用总额}{各种温床蔬菜生长期间占用平方米日数}$$

例3：

某蔬菜生产专业合作社使用苗床生产辣椒秧，占苗床格数400个，生长期25天，产量70 000株；生产茄子秧占苗床格500个，生长期20天，产量80 000株。本期发生生产费用总额为4 100元。其生产成本可按下列方法计算。

$$温床格日成本 = \frac{4\,100}{400 \times 25 + 500 \times 20} = 0.205(元)$$

辣椒秧总成本 = $0.205 \times 400 \times 25 = 2\,050(元)$

$$辣椒秧单位成本 = \frac{2\,050}{70\,000} = 0.029(元/株)$$

茄子秧总成本 = 0.205×500×20 = 2 050（元）

茄子秧单位成本 = $\dfrac{2\,050}{80\,000}$ = 0.026(元／株)

例4：

某蔬菜生产专业合作社利用温室生产白菜占地400米^2，生长期40天，收获40 000千克；黄瓜占地400米^2，生长期60天，收获70 000千克。本期共发生生产费用总额为21 600元。其生产成本可按下列方法计算。

温室每平方米日成本 = $\dfrac{21\,600}{400 \times 40 + 400 \times 60}$ = 0.54(元)

白菜总成本 = 16 000×0.54 = 8 640（元）

白菜单位成本 = $\dfrac{8\,640}{4\,000}$ = 0.216(元／千克)

黄瓜总成本 = 24 000×0.54 = 12 960（元）

黄瓜单位成本 = $\dfrac{12\,960}{70\,000}$ = 0.185(元／千克)

二、多年生农作物产品成本计算

多年生农作物由于生长期较长、多次采收、生产管理要求不同，其成本计算方法也有所不同，一般可采用下列方法计算。

（一）一次收获多年生作物主产品总成本计算

一次收获多年生作物主产品总成本 = 往年费用+收获年份截至收获月份的累计费用-副产品价值。

（二）多次收获多年生作物主产品总成本计算

多次收获多年生作物主产品总成本 = 往年费用本年摊销额+本年全部费用-副产品价值。橡胶、果树、桑树、茶树等是多年生的植物。生长期长,按其生长过程一般经过苗圃育苗、幼树培育和成林管理3个阶段。苗圃育苗是生产树苗的阶段;幼树培育是从树苗起土、移植到成林投产为止的生产阶段;成林管理是正式投产后的培育管理阶段。多年生植物的成本计算分为苗圃产品的成本计算、幼树培育的成本计算、林木产品的成本计算。

1. 苗圃产品的成本计算

苗圃产品的成本计算对象是苗圃中培育的树苗,应计算每亩苗圃成本或每株苗圃成本。苗圃的成本计算公式:

$$每亩苗圃成本 = \frac{起苗前生产费用}{育苗面积}$$

起苗部分树苗成本 = 每亩苗圃成本 × 起苗面积 + 起苗费用

$$每亩苗圃成本 = \frac{起苗前生产费用}{育苗株数}$$

起苗部分树苗成本 = 每株苗圃成本 × 起苗株数 + 起苗费用

例5:

某苗圃培育专业合作社,本期培育柳树苗450亩,起苗前实际支出费用45 000元,本年起用面积200亩,起苗费用3 500元。可按下列方法计算树苗成本。

计算每亩树苗成本:

$$每亩树苗成本 = \frac{45\ 000}{450} = 100\ 元$$

计算起用柳树苗总成本:

起用柳树苗总成本 = 100×200+3 500 = 23 500 元

2. 幼树培育的成本计算

幼树培育是从树苗移植起,到成龄投产时止。这一阶段要经过若干年才能完成，在幼树培育期间所发生的费用是幼树培育成本。不同用途的幼树，其培育费用的列支范围和成本计算方法有所不同，橡胶、果树、桑树、茶树，由树苗定植到成林交付生产的全部生产培育费用，形成林木资产。在此期间获得的收入（指原有林木的间种收入、销售树枝等副产品收入）冲减培育费用。幼树培育成本的计算公式为：

$$每亩幼树培育成本 = \frac{营造期间发生费用 - 营造期间收入}{营造面积}$$

3. 林木产品的成本计算

幼树成林后，应转为林木资产管理。采摘的果品、收割的胶水等发生的生产费用，当年的培育费用，停采、停割期间的费用都是培育林木产品的成本，通常按品种或类别计算。成本计算期一般为一年计算一次。各种林木产品生产费用确认的成本计算时间不同，一般情况下，果树算至果品可以销售，橡胶算至加工成干胶片，茶树算至加工成商品茶。没有加工设备的，橡胶可以算至鲜胶乳，茶树可以算至鲜叶。计算公式为：

$$\frac{林木产品}{单位成本} = \frac{当年培育费用 + 停割停采费用 - 副产品价格}{产品产量}$$

第三节 养殖业的成本计算

养殖业是利用动物的生长机能，通过人工饲养繁殖取得产品的部门，包括养猪、养牛、养禽等畜牧业生产及水生动物和植物的育苗、养殖等渔业生产。

第三章　农民专业合作社生产成本核算

一、畜牧业产品成本计算

畜牧业产品的成本，可实行分群，也可以实行混群计算。实行分群计算的成本计算对象是各种畜禽的群别。如养猪业分为基本猪群、2~4个月幼猪群、4个月以上的幼畜和育肥猪群。混群计算是按畜禽种类划分，各类内部不再按畜禽的年龄分群，成本计算对象是畜禽种类。在一般情况下，畜牧业按年计算成本。年内经常有产品的合作社，也可以按月计算成本。

畜牧业成本项目一般包括：材料费用、工资费用和其他费用。材料费用指饲养生产中消耗的精饲料、粗饲料、动物饲料和矿物饲料等费用，粉碎蒸煮饲料、孵化增温等耗用的燃料和动力费用等。工资费用指从事畜牧业生产人员的工资及福利费用等。其他费用指在畜牧业生产中使用的专用设备的折旧费、产畜折旧费、畜禽医疗费等。

1. 分群计算

分群计算是按畜禽的不同年龄组作为成本计算对象，分群计算饲养头/日成本、活重单位成本、幼畜和育肥畜增重单位成本、仔畜繁殖成本、畜禽产品成本等。其计算公式为：

$$饲养头/日成本 = \frac{该群饲养费用}{该群饲养日数}$$

$$活重单位成本 = \frac{期初活重成本 + 购入转入价值 + 本期饲养费用 - 副产品价值}{期末存栏活重 + 期内转出活重}$$

$$增重单位成本 = \frac{饲养费用 - 副产品价值}{增重量}$$

其中，增重量=期末存栏畜群活重+期内转出畜群活重-期初结转-期内购入-期内转入畜群活重。

例6：

某养猪专业合作社2~4个月幼猪饲养费用为6 000元，厩肥价值为320元，期初结转幼猪5头，活重200千克，成本360元，期内转入25头，活重290千克，成本1 200元，购入幼猪12头，活重160千克，成本800元，转出35头，活重2 600千克，死亡1头，活重13千克，期末结存3头，活重220千克。

2~4个月幼猪增、活重量成本计算如下：

2~4个月幼猪增重量=220+2 600+13-（200+290+160）=2 183（千克）

$$2\text{~}4个月幼猪增重单位成本 = \frac{6\ 000}{2\ 183} = 2.7（元）$$

2~4个月幼猪活重量=220+2 600=2 820（千克）

$$2\text{~}4个月幼猪活重单位成本 = \frac{360 + 1\ 200 + 800 + 6\ 000 - 320}{2\ 820}$$

$$= 2.85(元)$$

2~4个月幼猪转出活重总成本=2.85×2 600=7 410（元）

2~4个月幼猪期末存栏活重总成本=2.85×220=627（元）

2. 混群计算

混群计算是为适应畜禽混群饲养的管理要求，不分畜禽年龄，而以畜禽种类为成本计算对象的一种计算方法。这种方法只计算当期销售畜禽的总成本和单位成本，计算手续简便，但提供的资料较少，适合饲养量较少的专业合作社。计算公式如下：

某类畜禽销售总成本=（期初存栏畜禽价值+本期外购畜禽价值+本期饲养费用）-（期末存栏畜禽价值+副产品价值）

某类畜禽销售单位成本 = $\dfrac{某类禽畜销售总成本}{销售禽畜总重量(或总数量)}$

二、渔业产品成本计算

渔业是经营水生动、植物产品的行业。按水质划分，可以分为淡水渔业、海洋渔业；按生产形式划分，可以分为人工养殖和天然捕捞。渔业生产环节分为 3 个阶段：孵化育苗、培育幼鱼、饲养成鱼。渔业在每个阶段都有产品，都可以实现销售。每个阶段的产品就是成本计算对象。

渔业生产费用是在渔业产品生产过程中发生的全部费用。包括水生动植物的育苗、养殖和天然捕捞的生产费用。渔业成本项目主要有材料费用、工资费用和其他费用。材料费用是指在产品饲养过程中耗费的鱼种、鱼苗、饲料等。工资费用是指直接从事渔业生产人员的工资和福利费。其他费用是指在渔业生产中使用的专用设备的折旧费、燃料费、修理费、水电费、办公费等。

1. 鱼苗成本的计算

鱼苗是孵化不久的幼鱼，体形细小，数量多，在数量上的计算只能采用估计或抽样清查的方法，做到大致准确，通常以万尾为成本计算单位。其计算公式为：

每万尾鱼苗成本 = $\dfrac{育苗期全部生产费用}{育成鱼苗万尾数}$

2. 成鱼成本计算

成鱼是放养鱼苗到池塘，依靠人工采集和加工的饲料进行养鱼；或者放到天然湖泊利用天然饲料养鱼，使之从幼鱼成长够食用鱼的过程。成鱼的生产方式有两种：一种是多年放养，一次捕捞;另一种是逐年放养逐年捕捞。

多年放养,一次捕捞的成鱼成本包括捕捞前发生的生产费用和捕捞当年发生的生产费用。计算公式为:

$$\frac{\text{成鱼}}{\text{单位成本}} = \frac{\text{捕捞前各年发生的生产费用} + \text{当年捕捞的生产费用}}{\text{成鱼总产量}}$$

逐年放养逐年捕捞的成鱼成本,为当年捕捞的成鱼的成本,一般不计算在产品价值内。

3. 捕捞成本的计算

捕捞是指在天然江河、湖泊、海洋捕捞自然生长的渔业产品,当年发生的全部捕捞费用,应完全由当年捕捞的水生动物分摊,如果需要,可以按计划成本或销售价格的比例,将总成本在不同产品之间进行分配。

第四节 生产成本的核算

农民专业合作社应设置"生产成本"科目,核算农民专业合作社直接组织生产或提供劳务服务所发生的各项生产费用和劳务服务成本。"生产成本"属于成本类科目,借方登记农民专业合作社直接组织生产或提供劳务服务所发生的各项生产费用和劳务服务成本,贷方登记结转生产完工验收入库产成品的成本及转出的劳务服务成本,期末借方余额,反映农民专业合作社尚未生产完成的各项在产品的成本和尚未完成的劳务服务成本。为反映农民专业合作社生产成本发生和结转的详细情况,农民专业合作社应按生产费用和劳务服务成本种类设置明细科目,进行明细核算。

一、生产领用物资的核算

合作社生产过程中领用物资应根据出库单逐笔登记产品物资明细账,以详细反映各种物资的收发和结存情况。会计人员应该根据实际成本计价的出库单,按照领用物资用途进行金额归类汇总后,借记"生产成本"科目,贷记"产品物资"科目。

例7:

某粮食生产销售专业合作社生产水稻,领用农药一批,价值3 000元。编制转账凭证,会计分录为:

借:生产成本——水稻　　　　　　　3 000
　　贷:产品物资——农药　　　　　　　3 000

会计人员根据转账凭证登记"生产成本""产品物资"总账,根据转账凭证及原始凭证登记"生产成本""产品物资"明细账。

二、分配工资费用

分配合作社从事农业生产固定人员的工资费用和临时人员工资费用,应借记"生产成本"科目,贷记"应付工资""库存现金"或"应付款"科目。

例8:

某粮食生产销售专业合作社本期应支付种植水稻工人工资30 000元,其中,本社固定工人工资16 000元,本社成员工资10 000元,非本社成员工资4 000元。编制转账凭证,会计分录为:

借:生产成本——水稻　　　　　　　30 000

  贷：应付工资——固定工人   16 000
    成员往来——本社成员   10 000
    应付款——非本社成员   4 000

  会计人员根据转账凭证登记"生产成本""应付工资""成员往来""应付款"总账，根据转账凭证及原始凭证登记"生产成本""应付工资""成员往来""应付款"明细账。

三、分配机耕服务费用

  分配合作社为成员提供的机耕服务费用，应借记"生产成本"科目，贷记"应付工资""库存现金"或"累计折旧"科目。

  例9：

  合作社为成员提供了机耕服务，按合同约定，应向接受服务的成员收取服务费共计5 000元。服务期间支付燃料费2 500元，计提农机具折旧500元，提取农机具驾驶员和操作员工资1 500元。编制会计分录如下：

  借：生产成本——机耕服务   4 500
    贷：库存现金   2 500
      应付工资   1 500
      累计折旧   500
  借：银行存款   5 000
    贷：经营收入   5 000

四、生产成本结转

  会计期间终了，农民专业合作社已经生产完成并已验收入库的产成品，应按实际成本，借记"产品物资"科目，贷记"生产成本"科目。

例10：

某粮食生产销售专业合作社，收获水稻验收入库，计算出的生产成本为200 000元。产品成本计算单上记录农药、化肥等材料费用80 000元，工资费用55 000元，其他费用30 000元，往年费用35 000元。结转入库产品成本时，编制转账凭证，会计分录为：

借：产品物资——水稻　　　　　　200 000
　　贷：生产成本——水稻　　　　　　200 000

会计人员根据转账凭证登记"产品物资""生产成本"总账，根据转账凭证及原始凭证登记"产品物资""生产成本"明细账。

例11：

某食用菌生产销售专业合作社，生产完工验收入库香菇干品一批，生产成本100 000元，结转入库产品成本的会计分录为：

借：产品物资——香菇干　　　　　　100 000
　　贷：生产成本——香菇干　　　　　　100 000

会计人员根据转账凭证登记"产品物资""生产成本"总账，根据转账凭证及原始凭证登记"产品物资""生产成本"明细账。

第四章 农民专业合作社负债核算

第一节 负债概述

一、负债的概念

合作社的负债是指合作社因过去的交易、事项形成的现时义务,履行该义务预期会导致经济利益流出合作社。它具有以下特征。

(一) 负债是由过去的交易或事项形成的

负债是由合作社过去已经发生的交易或业务事项产生的结果,是合作社现在的偿还义务。只有过去已经发生的交易或业务事项,才能增加或减少合作社的负债,不能根据现在或涉及未来的交易事项中的会计业务来确认负债。如合作社赊购商品会产生负债,从银行借款也会产生负债,从同业之间拆借资金也会产生负债,但这些负债是由于过去已经发生而形成现时的义务,而不是指未来的或现在正在计划中的交易或业务事项。

(二) 负债的清偿会导致经济利益流出

合作社负债需要清偿,负债清偿的形式是多种多样的,例如,以合作社的产品清偿、以实物资产清偿、以货币资金清偿、

第四章　农民专业合作社负债核算

以无形资产清偿、以提供劳务清偿等，所有这些负债的清偿都会导致经济利益的流出。

二、负债的分类

合作社的负债按流动性可分为流动负债和长期负债。

流动负债是指偿还期限在1年以内（含1年）的债务，主要包括短期借款、应付款项、应付工资、应付盈余返还、应付剩余盈余等。

长期负债是指偿还期限在1年以上（不含1年）的债务，主要包括专项应付款、长期借款等。

三、负债的计价

合作社的负债按实际发生的数额计价。发生的债务利息支出计入其他支出，发生因债权人原因确实无法支付的债务，经批准后计入其他收入。

四、负债的管理

合作社可以积极主动通过借入资金的方式来维持资产流动性，支持合作社规模的扩张，获取更高的盈利水平。合作社如果能够利用好负债，合理控制负债的数量和结构，可以使合作社有效地利用资金，促进发展。否则，不合理的负债规模与结构会加重合作社的经营负担，严重者可以造成合作社资金链断裂，乃至破产清算。

合作社要实现科学举债的目标，必须根据生产经营实际情况，量力而行，科学决策，既要保证合作社生产经营的正常进行，增强合作社市场竞争能力与可持续发展能力，又要避免负债所带来的风险与消极影响。所以，要正确处理以下两个方面的管理内容。

一是要做好科学的决策与规划。对合作社而言，负债不是越多越好，要考虑合作社的财务承受能力。首先要摸清家底，搞清楚自有资金的规模，尽量发挥自有资金的使用效率，再考虑使用负债资金；然后，对负债的具体内容区别对待。负债分为短期负债与长期负债，短期负债筹资速度快，风险与成本较低。而长期负债筹资速度慢，风险与成本较高，因此，要根据合作社的实际需要，统筹兼顾，妥善处理好两者的结构关系，以减少合作社还款压力与成本。

二是要处理好财政补助资金与负债的关系。合作社接受国家财政直接补助资金，按制度规定，先要纳入债务管理，用于合作社信息、培训、农产品质量标准认证、市场营销和技术推广等服务的国家财政补助资金，虽然作为负债管理，但是可由合作社在规定的项目内按自有资金支配使用，直接转账处理，不需要归还；用于农业生产基础设施建设等形成的财产，在合作社解散、破产清算时，不可作为可分配剩余资产分配给成员，处置办法由国务院制定。所以，国家财政直接补助资金并不是真正意义的负债，在会计核算时要注意妥善处理。

第二节　流动负债的核算

流动负债是指偿还期限在 1 年以内（含 1 年）的债务，包括短期借款、应付款、应付工资、应付盈余返还、应付剩余盈余等。流动负债一般具有数额较小、偿还期限较短、债务利息较少甚至没有的特点。

一、短期借款的核算

1. 短期借款的内容

短期借款是指合作社从银行、信用社以及外部单位和个人借入的期限在 1 年以内（含 1 年）的各种借款。短期借款一般是合作社为满足日常生产经营活动和为成员提供服务或为偿还各项债务的需要，从银行、信用社以及外部单位和个人借入的款项。

2. 短期借款核算设置会计科目

"短期借款"（负债类）科目。本科目核算合作社从银行、信用社或其他金融机构，以及外部单位和个人借入的期限在 1 年以下（含 1 年）的各种借款。借方登记偿还的借款本金，贷方登记合作社从银行、信用社或其他金融机构，以及外部单位和个人取得的借款本金，该科目期末贷方余额，反映合作社尚未归还的短期借款本金。该科目应按借款单位和个人设置明细科目，进行明细核算。

3. 短期借款会计处理

合作社借入各种短期借款时，借记"库存现金""银行存款"科目，贷记"短期借款"科目。

合作社短期借款利息，如果是同一会计年度发生并支付的利息支出，支付时直接计入当期损益，借记"其他支出"科目，贷记"库存现金""银行存款"等科目。如果是跨年度支付的利息支出，按照权责发生制的要求，年末要计提当年度应承担的利息支出，借记"其他支出"科目，贷记"应付款"等科目；下一年度支付利息时,借记"应付款"科目,贷记"库存现金""银行存款"等科目。

归还短期借款时,借记"短期借款"科目,贷记"库存现金""银行存款"科目。

注意:"短期借款"科目只反映借款本金的取得和偿还,不反映利息,应付未付的利息在"应付款"账户中反映。

短期借款账务处理流程如图4-1所示。

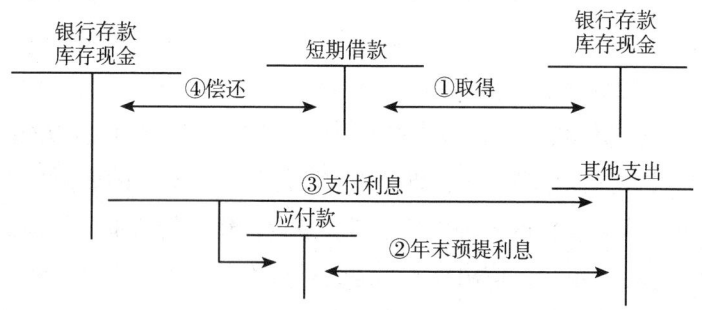

图4-1 短期借款账务处理流程

例1:

2019年3月1日,合作社向信用社贷款10 000元,办完贷款手续后直接领取了现金。贷款合同约定,贷款期限为6个月,贷款年利率为5.7%。

借:库存现金　　　　　　　　　　　10 000
　　贷:短期借款——信用社　　　　　　10 000

2019年9月1日借款到期时,合作社用银行存款偿还该项贷款本息。

利息金额=10 000×5.7%×6/12=285元。会计分录为:

借：短期借款　　　　　　　　　　　　10 000
　其他支出——利息支出　　　　　　　285
　贷：银行存款　　　　　　　　　　　10 285
例2：
例1如果借款时间为2019年10月1日，其他相同。
（1）2019年10月1日取得借款时：
借：库存现金　　　　　　　　　　　　10 000
　贷：短期借款——信用社　　　　　　10 000
（2）2019年12月31日计提借款利息 = 10 000 × 5.7% × 3/12 = 142.5元：
借：其他支出——利息支出　　　　　　142.5
　贷：应付款——信用社　　　　　　　142.5
（3）2020年4月1日借款到期偿还借款本息：
借：短期借款　　　　　　　　　　　　10 000
　其他支出——利息支出　　　　　　　142.5
　应付款——信用社　　　　　　　　　142.5
　贷：银行存款　　　　　　　　　　　10 285

二、应付款的核算

1. 应付款的概念和内容

应付款是指合作社与非成员之间发生的各种应付及暂收款项，包括因购买产品物资和接受劳务、服务等应付的款项，以及应付的赔款、利息等。应付款是合作社为满足日常生产经营活动和为成员提供服务需要而形成的。一般在合作社取得赊购非成员产品物资的所有权、接受劳务、服务和应付赔款、保证金、利息等时，确认应付款实现并入账核算。

2. 应付款核算设置会计科目

为反映应付款的形成、偿还、结余及管理情况，合作社应设置以下会计科目。

"应付款"（负债类）会计科目。该科目核算合作社与非成员之间发生的各种应付以及暂收款项，包括因购买产品物资和接受劳务、服务等应付的款项以及应付的赔款、利息等。贷方登记合作社与非成员之间发生的各种应付及暂收款项，借方登记偿还和核销的应付款，期末余额在贷方，反映合作社应付未付及暂收款项的总额。该科目应按发生应付款的非成员单位和个人设置明细账户，进行明细核算。

3. 应付款会计处理

（1）合作社与非成员之间发生各种应付及暂收款项时，借记"库存现金""银行存款""产品物资"等科目，贷记"应付款"科目。

（2）合作社偿还与非成员之间发生各种应付及暂收款项时，借记"应付款"科目，贷记"库存现金""银行存款"等科目。

（3）合作社确有无法支付的应付款时，按规定程序审批后，借记"应付款"科目，贷记"其他收入"科目。

例3：

2019年5月，某果蔬农民专业合作社向非成员农户王某赊购苹果2 000千克，价款为2 000元。

借：产品物资——苹果　　　　　　　　2 000
　　贷：应付款——王某　　　　　　　　　2 000

第四章 农民专业合作社负债核算

例4：

2019年12月31日，某果蔬农民专业合作社一笔应付星河公司货款800元，因原债权单位撤销确实无法支付，经批准核销。

借：应付款——星河公司　　　　　　800
　　贷：其他收入　　　　　　　　　　　800

三、应付工资的核算

1. 应付工资的概念和内容

应付工资是指合作社应付给其管理人员及固定员工的工资总额，包括在工资总额内的各种工资、奖金、津贴、补助等。

（1）工资。工资是合作社支付给其管理人员及固定员工的劳动报酬，包括计时工资和计件工资。

（2）奖金。奖金是支付给职工的超额劳动报酬和增收节支的劳动报酬。

（3）津贴。津贴是为了补偿职工特殊或额外的劳动消耗和因其他特殊原因支付给职工的报酬。

（4）补助。补助是为了保证职工工资水平不受物价影响而支付给职工的物价补贴等。

2. 应付工资核算应做好的基础工作

为了正确地计算和分配职工工资费用，合作社应根据自身的特点和管理的要求，确定职工工资核算所需原始凭证的种类、格式、登记方法以及传递程序。做好内部分工，保证各项凭证记录准确无误。职工工资核算的各项原始记录主要有如下两方面。

（1）考勤记录。考勤记录是登记职工出勤和缺勤情况的记录。考勤记录是计算职工计时工资的重要资料，同时，它对于分析和考核职工工作时间利用情况、加强合作社的劳动纪律、提高合作社管理水平等方面，也有着同样的重要作用。

合作社的考勤记录一般应由人事部门专人或者兼职负责，可以采用纸质考勤表或电子考勤机。考勤记录在月末经财会部门审核后，作为计算计时工资的依据。

（2）产量记录。产量记录是反映员工或班组在出勤时间内生产产品的产量和耗用生产工时的记录。产量记录不仅是计算计件工资的依据，同时，也是统计产量和生产工时的依据。所以产量记录应提供产量、合格品产量、废品产量、工时等资料。

3. 应付工资计算

职工工资计算包括计时工资、计件工资、奖金、津贴和补贴的计算。

（1）计时工资的计算。计时工资是指按计时工资标准和工作时间计算支付给职工个人的劳动报酬。合作社在计算职工计时工资时，可采用月薪制和日薪制两种方法。

一种是月薪制。月薪制是指按职工固定的月标准工资扣除缺勤工资计算其工资的一种方法。采用月薪制时，只要职工出满勤，不论该月份是多少天数，都可以得到固定的月标准工资。如果出现缺勤，则应从月标准工资中将缺勤工资予以扣除。其计算公式如下：

应付计时工资＝月标准工资－缺勤应扣工资

其中，缺勤应扣工资＝缺勤日数×日工资率×应扣比例

缺勤日数根据考勤记录取得；应扣比率取决于缺勤的原因，由合作社自行规定，一般病假小于100%，事假等于100%，旷工大于100%。日工资率计算有以下3种方法。

一是按月平均日历天数30天（365/12）计算日工资。按照

这种方法计算日工资，双休日和法定节假日视为出勤，照付工资，因而缺勤期间的双休日和节假日也应视同缺勤，照扣工资。

日工资率＝月标准工资/30

二是按月平均实际工作日数20.83天[(365-104-11)/12]计算日工资。按照这种方法计算日工资，不论大月或小月，每月应计工作日数均固定按20.83天计算。各月内的双休日、法定节假日不付工资，因而缺勤期间的双休日和节假日也不扣工资。

日工资率＝月标准工资/20.83

三是按当月满勤日数（当月日历日数-当月节假日和双休日）计算日工资。按照这种方法计算日工资，由于各月满勤日数不相等，所以，日工资也不相等。各月内的双休日、法定节假日不付工资，因而缺勤期间的双休日和节假日也不扣工资。

日工资率＝月标准工资/当月满勤日数

例5：

某合作社职工洪萍的月标准工资为3 780元，2019年5月请事假5天（其中有两天为双休日）、病假3天（其中有一天为节假日），工龄7年，病假扣发工资比例为10%，当月有双休日8天，节假日1天。采用月薪制计算如下：

一是按月工作日30天计算：

日工资＝3 780/30＝126（元）

应付计时工资＝3 780-5×126-3×126×10%＝3 112.20（元）

二是按月工作日20.83天计算：

日工资＝3 780/20.83≈181.47（元）

应付计时工资＝3 780-3×181.47-2×181.47×10%≈3 199.30（元）

三是按当月满勤日数计算：

日工资=3 780/22≈171.82（元）

应付计时工资=3 780-3×171.82-2×171.82×10%≈3 230.18（元）

另一种是日薪制。日薪制是指按职工实际出勤日数和日工资计算其应付工资的一种方法。

其计算公式如下：

应付计时工资=实际出勤日数×日工资率

其中，日工资率一般按月薪制下计算日工资3种方法中的第2种方法计算。

采用日薪制计算职工应付计时工资，有利于正确计算生产工人的工资成本，但是由于每个月份实际工作天数不同、职工出勤的天数不同，所以每个月份都需要计算，工作量较大。

例6：

见例5采用日薪制计算如下：

实际出勤日数=31-9-（3+2）=17（天）

日工资：3 780/20.83≈181.47（元）

应付计时工资=17×181.47+2×181.47×90%≈3 411.64（元）

（2）计件工资的计算。计件工资是指根据规定的计件单价和完成合格品数量计算支付的工资。在计算计件工资时，对由于材料缺陷等客观原因产生的废品，即料废，应照付计件工资；对由于工人加工过失等原因而产生的废品，即工废，则不应支付计件工资。计件工资按照支付对象的不同，可分为个人计件工资与集体计件工资两种。

一种是按个人计件工资计算。当职工所从事的工作能分清每

第四章 农民专业合作社负债核算

个人的经济责任时，可采取个人计件工资的方式。其计件工资计算公式如下：

$$\text{应付个人计件工资} = \Sigma（合格品数量+料废数量）\times 计件单价$$

另一种是按集体计件工资计算。当工人集体从事某项工作且不易分清每个职工的经济责任时，可采取集体计件工资的方式。其计件工资计算分为两步。

第一步，计算应付集体计件工资总额。

$$\text{应付集体计件工资总额} = \Sigma（合格品数量+料废数量）\times 计件单价$$

第二步，按集体内各个职工的计时工资或实际工作天数比例分配计算各个职工的应付计件工资。

例7：

某牧草种植合作社4名职工2019年3月共同种植牧草300亩，合作社规定的牧草种植计件工资为160元/亩。甲、乙、丙、丁4名职工实际工作天数分别为21天、20天、20天、19天，按实际工作天数比率分别计算每人应付计件工资（表4-1）。

应付集体计件工资总额＝300×160＝48 000（元）

表4-1 集体计件工资分配

2019年3月

职工	实际工作天数（天）	分配率	分配的计件工资额（元）
甲	21		12 600
乙	20		12 000
丙	20		12 000
丁	19		11 400

(续表)

职工	实际工作天数（天）	分配率	分配的计件工资额（元）
合计	80	600	48 000

（3）奖金的计算。奖金是指对职工的超额劳动在标准工资以外支付给职工的物质奖励性质的劳动报酬。奖金包括生产奖、节约奖、劳动竞赛奖以及其他奖金。奖金应根据国家的有关规定和合作社内部的奖励标准进行计算。

（4）津贴和补贴的计算。为了补偿职工特殊或额外的劳动消耗和其他特殊原因支付给职工津贴，为了保证职工工资水平不受物价影响而支付给职工物价补贴等。津贴和补贴应按国家规定的种类与标准计算。

上述各项目计算出来后，就是应付每位职工的工资，再扣除合作社为职工代扣代缴的各种款项，其余额即为实发工资。应付职工工资和实发工资的计算公式为：

应付职工工资=计时工资+计件工资+奖金+津贴和补贴

实发工资=应付职工工资-代扣代缴款项

在实际工作中，应付职工的工资、代扣代缴款项及实发工资等，是通过编制职工工资单的形式显示的。职工工资单应按生产单位、部门进行编制，以便反映每个职工工资的详细情况，并作为合作社与职工工资结算的原始记录。职工工资单见表4-2。

为反映整个合作社工资结算情况，由财务部门根据各车间、部门报来的职工工资结算单，按部门进行汇总，编制工资结算汇总表作为职工薪酬费用分配的依据。工资结算汇总表见表4-3。

表 4-2 职工工资单

车间：茶叶生产车间生产人员　　2019 年 3 月　　单位：元

职工姓名	月工资标准	日工资	缺勤		应付标准工资	奖金	津贴和补贴		应付工资	保险	代扣款		合计	实发工资
			天数	金额			津贴	补贴			水电费			
林萱	1 046	50	2	100	946	500	200	80	1 726	60	1.3		61.3	1 664.7
陈晨	941.40	45	1	45	896.40	300	150	70	1 416.4	70	3.32		73.32	1 343.08
…	…	…	…	…	…	…	…	…	…	…	…		…	…
合计	35 000	—	—	950	34 050	4 200	2 100	800	41 150	850	120		970	40 180

表 4-3 工资结算汇总

单位：××农民专业合作社　　2019 年 3 月　　单位：元

职工姓名	月工资标准	日工资	缺勤		应付标准工资	奖金	津贴和补贴		应付工资	保险	代扣款	合计	实发工资
			天数	金额			津贴	补贴			水电费		
生产人员	35 000	—	—	950	34 050	4 200	2 100	800	41 150	850	120	970	40 180
行政人员	30 000	—	—	—	30 000	3 200	2 150	1 000	36 350	1 200	800	2 000	34 350
合计	65 000	—	—	950	64 050	7 400	4 250	1 800	77 500	2 050	920	2 970	74 530

4. 应付工资核算设置会计科目

为反映合作社员工工资计算、发放情况，应设置以下会计科目。

"应付工资"（负债类）科目。该科目核算合作社应支付给管理人员及固定员工的工资总额，包括在工资总额内的各种工资、奖金、津贴、补助等，不论是否在当月支付，都应通过该科目核算。借方登记发放工资和结转代扣款，贷方记录计提的工资，该科目期末一般应无余额，如有贷方余额，则反映合作社已提取但尚未支付的工资额。合作社应当设置"应付工资明细账"，按照管理人员和固定员工的姓名、类别以及应付工资的组成内容进行明细核算。

5. 应付工资具体核算

应付工资具体核算涉及工资费用计提和工资发放两个方面。

第一方面：工资费用计提核算。根据工资结算汇总表中的应付工资，编制工资费用分配表计提工资费用，根据人员岗位进行工资分配，借记"生产成本""管理费用""经营支出"等科目，贷记"应付工资"科目。

第二方面：工资发放核算。根据工资结算汇总表中的实发工资，借记"应付工资"科目，贷记"银行存款""库存现金"等科目。同时根据代扣金额结转代扣款，借记"应付工资"科目，贷记"应付或者应收款"科目。

合作社给付临时员工的报酬，不通过"应付工资"科目核算。临时员工是非成员的，通过"应付款"账户核算；临时员工是成员的，通过"成员往来"账户核算。

例8：

某茶叶农民专业合作社 2019 年 3 月工资结算汇总表见表 4-3。

(1) 计提工资费用：

借：生产成本——茶叶　　　　　　41 150
　　管理费用　　　　　　　　　　36 350
　　贷：应付工资　　　　　　　　　　77 500

(2) 发放工资时：

借：应付工资　　　　　　　　　　74 530
　　贷：银行存款　　　　　　　　　　74 530

(3) 结转代扣款：

借：应付工资　　　　　　　　　　2 970
　　贷：应付款——社保局　　　　　　2 050
　　　　　　——供电公司　　　　　　　920

四、应付盈余返还的核算

1. 应付盈余返还的内容

应付盈余返还是指合作社可分配盈余中应返还给成员的金额。可分配盈余是指合作社在弥补亏损、提取公积金后的当年盈余。农民专业合作社会计制度规定，应付盈余返还是按成员与本社交易量（额）比例返还给成员的金额，返还给成员的盈余总额不得低于可分配盈余的 60%，具体返还办法按照合作社章程规定或者经成员大会决议确定。

2. 应付盈余返还的核算

为全面反映应付盈余返还的分配、支付情况，合作社应设置

"应付盈余返还"（负债类）科目。该科目借方登记合作社按成员与本社交易量（额）比例实际支付给成员的可分配盈余的金额，贷方登记合作社应按成员与本社交易量（额）比例返还给成员的可分配盈余的金额，期末贷方余额反映合作社尚未支付的应按成员与本社交易量（额）比例返还给成员的可分配盈余的金额。该科目按与本社有交易的成员设置明细账户，进行明细核算。

（1）合作社根据章程规定的盈余分配方案，按成员与本社交易量（额）提取返还盈余时，借记"盈余分配"科目，贷记"应付盈余返还"科目。

（2）实际支付时，借记"应付盈余返还"科目，贷记"库存现金""银行存款"等科目。

例9：

2019年末，某茶叶农民专业合作社将弥补亏损、提取公积金后的当年可分配盈余100 000元按章程规定进行分配。合作社章程规定，每个会计年度内，将实现可分配盈余的80%返还给成员；返还时，以每个成员与本社的交易额占全部成员与本社交易总额的比重为依据。根据成员账户记载，当年成员与本社的交易总额为500 000元，其中，甲、乙、丙、丁4个成员的交易额分别为20 000元、30 000元、50 000元、60 000元。

合作社按规定返还盈余时：

第一步，计算出当年可分配盈余中应返还给与本社有交易的成员的金额。

100 000×80% = 80 000 元

第二步，计算出每个成员的交易额占全部成员与本社交易总额的比重。

甲：20 000÷500 000×100%=4%

乙：30 000÷500 000×100%=6%

丙：50 000÷500 000×100%=10%

丁：60 000÷500 000×100%=12%

第三步，计算出应返还给与本社有交易的成员的可分配盈余金额。

甲：80 000×4%=3 200 元

乙：80 000×6%=4 800 元

丙：80 000×10%=8 000 元

丁：80 000×12%=9 600 元

第四步，依据盈余返还做相应会计分录。

借：盈余分配——各项分配　　　　　　80 000
　　贷：应付盈余返还——甲　　　　　　3 200
　　　　　　　　　　——乙　　　　　　4 800
　　　　　　　　　　——丙　　　　　　8 000
　　　　　　　　　　——丁　　　　　　9 600
　　　　　　　　　　……　　　　　　 54 400

合作社兑现返还的盈余时：

借：应付盈余返还——甲　　　　　　　3 200
　　　　　　　　——乙　　　　　　　4 800
　　　　　　　　——丙　　　　　　　8 000
　　　　　　　　——丁　　　　　　　9 600
　　　　　　　　……　　　　　　　 54 400
　　贷：库存现金/银行存款　　　　　 80 000

五、应付剩余盈余的核算

1. 应付剩余盈余的内容

应付剩余盈余是指按成员与本社交易量（额）比例计算返还给成员的可分配盈余的剩余部分。这部分可分配盈余在分配时，不再区分成员是否与本社有交易量（额），对成员一视同仁，人人有份，平均受益。合作社财会制度规定，应付剩余盈余以成员账户中记载的出资额和公积金份额，以及本社接受国家财政直接补助和他人捐赠形成的财产平均量化到成员的份额，按比例分配给本社成员。

2. 应付剩余盈余的核算

为全面反映应付剩余盈余的分配、支付情况，合作社应设置"应付剩余盈余"（负债类）科目。该科目核算合作社以成员账户中记载的出资额和公积金份额，以及本社接受国家财政直接补助和他人捐赠形成的财产平均量化到本社成员的份额，按比例分配给本社成员的剩余可分配盈余。该科目借方登记实际支付给本社成员的剩余可分配盈余，贷方登记按比例应分配给本社成员的剩余可分配盈余，该科目期末贷方余额反映合作社尚未支付给成员的剩余盈余。该科目应按成员设置明细账户，进行明细核算。

（1）合作社按交易量（额）返还盈余后，根据章程规定或者成员大会决定分配剩余盈余时，借记"盈余分配"科目，贷记"应付剩余盈余"科目。

（2）实际支付时，借记"应付剩余盈余"科目，贷记"库存现金""银行存款"等科目。

例 10：

接例 9，合作社将当年可分配盈余 100 000 元的 80%，按成员与本社的交易额返还给成员，剩余的 20% 按章程规定，全部对成员进行分配。当年末，合作社所有者权益总额为 600 000 元，其中，股本 500 000 元，专项基金 50 000 元，公积金 50 000 元（包括资本公积和盈余公积）。成员甲个人账户记载的出资额为 10 000 元、专项基金 1 000 元、公积金 7 000 元……与合作社没有交易的成员戊个人账户记载的出资额为 10 000 元、专项基金 1 000 元、公积金 1 000 元。合作社分配剩余盈余的步骤如下。

第一步，计算出每个成员个人账户记载的出资额、专项基金、公积金占这 3 项总额的份额。

成员甲：（10 000 + 1 000 + 7 000）÷（500 000 + 50 000 + 50 000）×100% = 3%

……

成员戊：（10 000 + 1 000 + 1 000）÷（500 000 + 50 000 + 50 000）×100% = 2%

第二步，计算出每个成员应分配的剩余盈余金额。

成员甲：100 000×20%×3% = 600 元

……

成员戊：100 000×20%×2% = 400 元

第三步，做出分配剩余盈余的会计分录。

借：盈余分配——各项分配　　　　　　20 000
　　贷：应付剩余盈余——甲　　　　　　　　600
　　　　　　……　　　　　　　　　　　　19 000
　　　　　——戊　　　　　　　　　　　　400

第四步,合作社兑现应付剩余盈余。

借:应付剩余盈余——甲　　　　　　600
　　　　　……　　　　　　　　　19 000
　　　　　　　——戊　　　　　　　400
　贷:库存现金/银行存款　　　　　20 000

第三节　长期负债的核算

合作社的长期负债是指偿还期限超过 1 年以上(不含 1 年)的债务,包括长期借款、专项应付款等。

一、长期借款的核算

1. 长期借款的内容

长期借款是指合作社从银行、信用社以及外部单位和个人借入的期限在 1 年以上(不含 1 年)的各种借款。长期借款一般是合作社为满足日常生产经营活动长期资金的需要,从银行、信用社以及外部单位和个人借入的款项。

2. 长期借款核算设置会计科目

"长期借款"(负债类)科目。该科目核算合作社从银行、信用社或其他金融机构,以及外部单位和个人借入的期限在 1 年以上(不含 1 年)的各种借款。借方登记偿还的借款本金,贷方登记合作社从银行、信用社或其他金融机构,以及外部单位和个人取得的借款本金,该科目期末贷方余额反映合作社尚未归还的长期借款本金。该科目应按借款单位和个人设置明细科目,进行明细核算。

3. 长期借款会计处理

（1）合作社借入各种长期借款时，借记"库存现金""银行存款"科目，贷记"长期借款"科目。

（2）合作社长期借款利息，如果借款是用于固定资产等长期资产的建造，在固定资产等长期资产建造期间的利息支出应资本化，计入固定资产建造成本，借记"在建工程"科目，贷记"应付款"等科目贷记呢；固定资产等长期资产建造完成后的利息支出以及其他长期借款利息支出应直接计入当期损益，借记"其他支出"科目，贷记"应付款"等科目。实际支付利息时，借记"应付款"科目，贷记"库存现金""银行存款"等科目。

（3）归还长期借款时，借记"长期借款"科目，贷记"库存现金""银行存款"科目。

注意："长期借款"科目只反映借款本金的取得和偿还，不反映利息，应付未付的利息在"应付款"账户中反映。

例11：

2017年7月1日，合作社向信用社贷款20 000元，并已到户，用于补充流动资金。贷款合同约定借款期限为2年，年利率为6%，每年末偿还一次利息，到期时偿还本金和剩余利息。

第一，2017年7月1日合作社取得借款：

借：银行存款　　　　　　　　　　20 000
　　贷：长期借款——信用社　　　　　　20 000

第二，2017年末计提信用社贷款利息：

计算该项长期贷款利息：20 000×6%×（6÷12）= 600元

借：其他支出　　　　　　　　　　600

贷：应付款——信用社　　　　　　　　600
　　第三，2017年12月31日，合作社按贷款合同约定支付信用社贷款利息：
　　借：应付款——信用社　　　　　　　　600
　　　　贷：银行存款　　　　　　　　　　600
　　第四，2019年6月30日时，合作社归还贷款本金及利息：
　　借：长期借款——信用社　　　　　20 000
　　　　其他支出　　　　　　　　　　　600
　　　　贷：银行存款　　　　　　　　20 600

二、专项应付款的核算

1. 专项应付款的内容

专项应付款是指合作社接受国家财政直接补助拨入合作社账户的资金。这部分资金具有专门用途，主要是扶持引导合作社发展，支持合作社开展信息、培训、农产品质量标准与论证、农业生产基础设施建设、市场营销和技术推广等服务。

2. 专项应付款的会计核算

为加强对专项应付款的管理，及时反映专项应付款的取得、使用和结存状况，合作社应设置"专项应付款"（负债类）科目。该科目贷方登记取得拨入合作社账户专项应付款的数额；借方登记使用专项应付款的数额和转入专项基金的数额；期末贷方余额反映结存专项应付款的数额。该科目应按国家财政补助资金项目设置明细科目，进行明细核算。

（1）合作社收到国家财政补助拨入的资金时，借记"库存现金""银行存款"等科目，贷记"专项应付款"科目。

（2）合作社按照国家财政补助资金的项目用途形成资产的，按取得固定资产、农业资产、无形资产等时的实际支出，借记"固定资产""牲畜（禽）资产""林木资产""无形资产"等科目，贷记"库存现金""银行存款"等科目，同时借记"专项应付款"科目，贷记"专项基金——财政补助资金"科目；用于开展信息、培训、农产品质量标准与认证、农业生产基础设施建设、市场营销和技术推广等项目支出，不形成资产时，借记"专项应付款"科目，贷记"库存现金""银行存款"等科目。

注意：国家财政直接补助资金采用政府集中采购、集中支付的，不通过"专项应付款"科目核算。

例 12：

2020 年 7 月 1 日，合作社收到国家财政直接补助资金 120 000 元，存入银行账户。

借：银行存款　　　　　　　　　　120 000
　　贷：专项应付款　　　　　　　　　　120 000

例 13：

合作社按规定用财政补助资金购买专用设备，支付设备款 46 000 元。

借：固定资产　　　　　　　　　　46 000
　　贷：银行存款　　　　　　　　　　46 000
借：专项应付款　　　　　　　　　46 000
　　贷：专项基金——财政补助资金　　　46 000

第五章 农民专业合作社所有者权益核算

第一节 合作社所有者权益概述

一、所有者权益概念

所有者权益是所有者在企业资产中享有的经济利益，其金额为资产减负债后的余额。所有者权益表明企业的产权关系，即企业归谁所有。合作社所有者权益是指合作社全体成员在合作社净资产中享有的经济利益，其金额为合作社全部资产减去全部负债后的余额。

二、所有者权益的构成内容

合作社的所有者权益包括股金、资本公积、专项基金、盈余公积和未分配盈余。

1. 股金

股金是指合作社成员按章程规定向合作社投入的股份金额。它是合作社进行生产经营活动的前提，也是合作社成员分享权益和承担义务的依据。合作社根据有关法律、法规规定，可以采取多种形式筹集股金。合作社股金分为个人股金和法人股金。个人股金指合作社成员以个人合法财产投入合作社形成的股金。法人股金指法人单位投入合作社形成的股金。在一些经济发达地区，还有外商投入的股金等。投资人可以用库存现金投资，也可以用库存现金以外的其他有形资产或劳务投资，符合国家规定比例的，还可以用无形资产投资。

实际工作中，一般要遵循以下计价原则：合作社成员投入的人民币，按实际收到的金额入账；投入的外币，应按协议、章程中规定的汇价折合成人民币记账，如果协议、章程中未作规定，应按收款日的市场汇价折合人民币记账；合作社成员投入房屋、运输工具、大型农业机械、建筑材料等实物资产，按投资各方确认的价值计价；合作社成员以实物投资，必须出具资产所有权和处置权的证明；合作社成员不得以租赁的资产或者已作为担保物的资产进行投资；合作社成员投入劳务一般应按当地劳务价格标准作价入账；合作社成员以专利权、专有技术、商标权、特许经营权、场地使用权进行的投资，对合作社成员投入的无形资产，按评估确认的价值入账。

2. 资本公积

资本公积是指合作社股本溢价及资产重估增值形成的专用基金。股本溢价是指合作社收到投资者的超过其在合作社股本中所占份额的投资。资产重估增值形成的专用基金是指对外投资中，资产重估确认价值与原账面净值的差额计入资本公积。

3. 专项基金

专项基金是指合作社通过国家财政直接补助和接受捐赠形成的固定资产、农业资产和无形资产价值。专项基金应当按照章程规定或成员大会关于财务分配的决议，平均量化到参与分配的成员账户上，作为盈余分配的依据之一。但合作社解散、破产清算时，不得作为可分配剩余资产分配给成员。

4. 盈余公积

盈余公积是指合作社从当年盈余中按一定比例提取的，主要用于弥补亏损、扩大生产经营或转为成员出资的专用基金。每年提取的盈余公积要按章程规定量化到每个成员。盈余公积按照农民专业合作社性质，分别包括以下内容。

盈余公积是指农民专业合作社按照规定的比例从净盈余中提取的盈余公积。

风险基金是指农民专业合作社按规定的比例从盈余中提取的，用于以丰补欠的资金。

农民专业合作社的盈余公积可以用于弥补亏损、转增资本，也可以用盈余公积向成员分配。盈余公积按照规定，可以按出资额、交易量（额）或出资额与交易量（额）相结合的方法量化给成员，并建立明细账户进行详细记载。

5. 未分配盈余

未分配盈余是指合作社历年积存的未作分配的盈余，包括合作社以前累计尚未分配的盈余以及本年未分配盈余数。

第二节 股金的核算

为了反映合作社成员实际投入的股金以及股金的增减变化情况，合作社应设置"股金"账户，进行会计核算。该账户属于所有者权益类账户，贷方登记实际收到的股金金额以及公积金转

第五章 农民专业合作社所有者权益核算

增的股金数额,借方登记按规定程序减少的股金数额。期末贷方余额,反映合作社实有的股金数额。该账户应按合作社成员设置明细账户,进行明细核算。

一、成员入股的核算

1. 成员以货币资金入股

合作社收到成员以货币资金投入的股金,按实际收到的金额,记入"库存现金""银行存款"等账户借方,按成员应享有合作社注册资本的份额计算的金额,记入"股金"账户贷方,按两者之间的差额(股金溢价或折价),记入"资本公积"账户。

股金溢价通常有两种情况:一是新加入的合作社成员投入的股金,不一定按实收股金入账,入账股金一般低于实收股金。这是由于投资时间不同,对合作社所做的贡献不同,合作社新旧成员所享有的权利也不同。所以,新加入的合作社成员通常要付出大于原有合作社成员的出资额,才能取得与原合作社成员相同的投资比例。新合作社成员投入的股金中按其享有合作社注册资本的份额计算的金额,记入"股金"账户。实际投资额与其入账股金的差额,为股金溢价。二是合作社接受合作社成员以外币投资时,需要折合成人民币(记账本位币)记账,因记账汇率不同,资产的折算数额大于股金折算数额,其差额为股金溢价。股金溢价不能作为股金入账,只能计入资本公积,作为所有合作社成员的公共积累,留在合作社内。

例1:

合作社成立时,收到成员张某投入20 000元,存入银行。

该业务导致合作社银行存款和股金同时增加，会计分录为：

借：银行存款　　　　　　　　　　20 000
　　贷：股金——张某个人股金　　　　　　20 000

例2：

据合作社和华兴公司签订的投资协议，华兴公司向合作社投资30 000元，款存银行。协议约定入股份额占合作社股份的20%，合作社原有股金80 000元。

华兴公司投入到合作社的资金30 000元中，能够作为股金入账的数额是：80 000×20%/（1-20%）= 20 000元，其余的10 000元，只能作为股金溢价，记入"资本公积"账户。会计分录为：

借：银行存款　　　　　　　　　　30 000
　　贷：股金——华兴公司　　　　　　　　20 000
　　　　资本公积　　　　　　　　　　　　10 000

例3：

合作社收到成员李某投入现金10 000元，成员王某投入现金10 000元，成员张某投入现金13 000元，成员郭某投入现金12 000元，全部款项已经转存当地信用社。按合作规定，各成员应享有合作社注册资本的份额为10 000元。会计分录为：

借：银行存款　　　　　　　　　　45 000
　　贷：股金——李某个人股金　　　　　　10 000
　　　　　——王某个人股金　　　　　　　10 000
　　　　　——张某个人股金　　　　　　　13 000
　　　　　——郭某个人股金　　　　　　　12 000
　　　　资本公积　　　　　　　　　　　　 5 000

例 4：

合作社吸收恒泰公司投入港币 50 000 元，投资合同约定的汇价为 1.05，收款当日的市场汇价为 1.1。

按当日市场汇价，合作社当收到 50 000×1.1＝55 000 元人民币，而按合同有 50 000×1.05＝52 500 元人民币作为股金入账，其余 2 500 元人民币，作为股金溢价，记入"资本公积"账户。会计分录为：

借：银行存款　　　　　　　　　　　55 000
　　贷：股金——恒泰公司　　　　　52 500
　　　　资本公积　　　　　　　　　 2 500

2. 成员以非货币资产入股

合作社收到成员投资入股的非货币资产，按投资评估价格或各方确认的价值，借记"产品物资""固定资产""无形资产"等科目，按成员应享有合作社注册资本的份额计算的金额，贷记"股金"科目，按两者之间的差额，贷记或借记"资本公积"科目。合作社收到成员投入的劳务，按当地劳务价格标准或投资各方确认价，记入"在建工程"等账户借方，同时记入"股金"账户贷方。资本公积和盈余公积转增股金，按经批准的转增金额，记入"资本公积""盈余公积"账户借方，同时记入"股金"账户贷方。

例 5：

合作社收到成员王某投入生产物资一批，双方确认价 20 000 元，记入"股金"。该业务导致合作社产品物资和股金同时增加，会计分录为：

借：产品物资　　　　　　　　　　　20 000
　　贷：股金——王某个人股金　　　 20 000

例6：

华兴公司向合作社投入拖拉机一台，双方确认价值50 000元，协议约定其享有合作社注册资本的份额计算的金额为30 000元。该业务导致合作社固定资产、股金和资本公积同时增加，会计分录为：

借：固定资产　　　　　　　　　　50 000
　　贷：股金——华兴公司　　　　　　30 000
　　　　资本公积　　　　　　　　　　20 000

例7：

合作社收到成员张某投入专利权，双方确认价80 000元，协议约定其享有合作社注册资本的份额计算的金额为50 000元。该业务导致合作社无形资产、股金和资本公积同时增加，会计分录为：

借：无形资产　　　　　　　　　　80 000
　　贷：股金——张某个人股金　　　　50 000
　　　　资本公积　　　　　　　　　　30 000

例8：

经批准，合作社将资本公积20 000元转增股金。该业务导致合作社股金增加，资本公积减少，会计分录为：

借：资本公积　　　　　　　　　　20 000
　　贷：股金　　　　　　　　　　　　20 000

二、成员退股的核算

合作社按照法定程序减少注册资本或成员退股时，按退给成员的股金份额，借记"股本"科目，贷记"库存现金""银行存款""固定资产""产品物资"等科目,并在有关明细账及备查簿中详细记录股金发生的变动情况。

例9：

合作社付给农户赵某退股6 000元。其中,库存现金支付2 000元,从开户行存款支付4 000元。

借：股金——赵某个人股金　　　　　　6 000
　　贷：库存现金　　　　　　　　　　　　2 000
　　　　银行存款　　　　　　　　　　　　4 000

例10：

成员单位华兴公司退社时,合作社应退给华兴公司股金50 000元,合作社决定以一台收割机和现金退还。退还时,收割机账面原值30 000元,已提折旧6 000元,余款现金支付。该业务导致合作社股金、固定资产、累计折旧和库存现金同时减少,会计分录为：

借：股金——华兴公司　　　　　　　　50 000
　　累计折旧　　　　　　　　　　　　　6 000
　　贷：固定资产——收割机　　　　　　　30 000
　　　　库存现金　　　　　　　　　　　　26 000

三、股金转换的核算

合作社成员按规定向非成员转让出资的,对转让方按退社处理,对受让方按新入社处理。按规定合作内部成员之间相互转让出资的,不需要进行股金业务总分类核算,只进行股金明细,应在成员账户、成员权益变动表和有关明细账及备查簿中调整相关记录。

例 11：

合作社成员张某将个人股金 30 000 元转让给成员李某。该业务导致合作社股金明细账发生变化，会计分录为：

借：股金——张某个人股金　　　　　30 000
　　贷：股金——李某个人股金　　　　　　30 000

第三节　资本公积的核算

资本公积是合作社用于扩大生产经营、承担经营风险及集体公益事业的专用基金。主要来源于股金溢价及实物资产的重估增值等。合作社收到成员入社投入的资产，按双方确认的价值计入相关资产，按享有合作社注册资本的份额计入股金，双方确认的价值与按享有合作社注册股金份额计算的金额之差额，计入资本公积；合作社以实物资产对外投资，其评估确认或合同、协议确定的价值必须真实、合理，不得低估或高估资产的价值。资产重估确认价值与原账面净值的差额计入资本公积。

为了反映合作社资本公积的来源和使用情况，应设置"资本公积"账户。该账户属所有者权益类账户，其贷方登记合作社收到成员入社投入的资产和由于股金溢价、接受捐赠资产价值等增加的资本公积，借方登记按规定转增股金、弥补亏损等因素减少的资本公积。"资本公积"科目应按资本公积的来源设置明细科目，进行明细核算。

一、股本溢价的核算

合作社成员入社投入货币资金和实物资产时，按实际收到的金额和投资各方确认的价值,记入"库存现金""银行存款""固定资产""产品物资"等账户借方,按其应享有合作社股金份额计算的金额,记入"股金"账户贷方,按两者之间的差额,记入"资本公积"账户。

例12：

2020年2月1日,某果蔬农民专业合作社吸收新成员入社,收到成员梁某入社投入库存现金5 000元,存款转入10 000元,协议约定入股份额为14 000元。会计分录为：

借：库存现金　　　　　　　　　　　　　5 000
　　银行存款　　　　　　　　　　　　　10 000
　　贷：股金——梁某　　　　　　　　　14 000
　　　　资本公积——股金溢价　　　　　1 000

二、对外投资资产增值的核算

合作社以实物资产方式对外投资时,按照投资各方确认的价值,记入"对外投资"账户借方,按投出实物资产的账面余额,记入"固定资产""产品物资"等账户的贷方,按两者之间的差额,记入"资本公积"账户。

例13：

2020年4月1日,某果蔬农民专业合作社将一辆原值为85 000元、已折旧28 000元的农用车向某企业投资。评估确认价值为62 000元。会计分录为：

借：对外投资　　　　　　　　　　　　　62 000
　　累计折旧　　　　　　　　　　　　　28 000
　　贷：固定资产——农用车　　　　　　85 000

资本公积——其他资本公积　　　　　　5 000

三、转增股本的核算

合作社用资本公积转增股金时,记入"资本公积"账户借方,同时记入"股金"账户贷方。

例14：

2020年8月1日,某果蔬农民专业合作社经成员大会通过,将40 000元资本公积转增股金。

　　借：资本公积——股金溢价　　　　　40 000
　　　　贷：股金　　　　　　　　　　　　　40 000

第四节　专项基金的核算

专项基金是指合作社拥有的具有专门用途的资金。其主要是合作社通过国家财政直接补助转入和他人捐赠形成。

一、财政直接补助资金的核算

国家财政直接补助资金,是指合作社从政府无偿取得货币性资产或非货币性资产,但不包括政府作为所有者投入的资本。包括两类：一是国家科技培训项目等方面的与资产相关的政府补助,形成合作社的专项基金,合作社收到国家财政直接补助资金时,借记"银行存款"等账户,贷记"专项应付款"账户；二是合作社的非常损失得到与收益相关的政府补助,不形成专项基金,收到财政补助资金时,借记"银行存款"等账户,贷记"其他收入"账户。

第五章 农民专业合作社所有者权益核算

例15：

合作社收到国家财政专项补助资金 100 000 元，用于购置电教设备。会计分录为：

借：银行存款　　　　　　　　　100 000
　　贷：专项应付款　　　　　　　　　100 000

例16：

某合作社受旱灾影响，通过专家及保险公司评审，共损失 150 万元。国家有关部门为了支持鼓励合作社再生产，确定财政补偿 50 万元。收到国家补助时会计分录为：

借：银行存款　　　　　　　　　500 000
　　贷：其他收入　　　　　　　　　500 000

二、他人捐赠资金的核算

1. 收到他人捐赠的货币资金

合作社实际收到他人捐赠的货币资金时，借记"库存现金""银行存款"科目，贷记"专项基金——捐赠资金"科目。

例17：

合作社收到县农业局干部职工捐赠现金 8 000 元。会计分录为：

借：库存现金　　　　　　　　　8 000
　　贷：专项基金——捐赠资金　　　　8 000

2. 收到他人捐赠的非货币资产

合作社收到他人捐赠的非货币资产时，按照所附发票记载金额加上应支付的相关税费，借记"固定资产""产品物资"等科目，贷记"专项基金——捐赠资金"科目；无所附发票的，按

· 135 ·

照经过批准的评估价值,借记"固定资产""产品物资"等科目,贷记"专项基金——捐赠资金"科目。

例18:

合作社收到某公司捐赠的货车一台,所附发票售价为45 000元,相关税费及运输费共计10 000元。会计分录为:

借:固定资产——货车　　　　　55 000
　　贷:专项基金——捐赠资金　　　　55 000

三、专项基金使用核算

合作社使用国家财政直接补助资金取得固定资产、农业资产和无形资产时,按实际使用国家财政政直接补助资金的数额,借记"专项应付款"科目,贷记"专项基金"科目。

例19:

合作社使用国家财政专项补助资金130 000元购买果苗。该业务导致林木资产增加,银行存款减少,会计分录为:

借:林木资产　　　　　　　130 000
　　贷:银行存款　　　　　　　130 000

同时,将专项应付款转为专项基金,会计分录为:

借:专项应付款　　　　　　130 000
　　贷:专项基金——财政专项补助　130 000

第五节　盈余公积的核算

盈余公积是指农民专业合作社按照《农民专业合作社法》的规定从盈余中提取的留存收益。盈余公积是合作社的公共积累。根据章程规定和经成员大会讨论决定，盈余公积可用于转增股金、弥补亏损等。

一、盈余公积核算设置会计科目

为反映合作社盈余公积的提取和使用情况，合作社应设置"盈余公积"（所有者权益类）科目。该科目核算合作社从盈余中提取的盈余公积。该科目借方登记盈余公积用于转增股金、弥补亏损等，贷方登记合作社从盈余中提取的盈余公积，该科目期末贷方余额反映合作社实有的盈余公积数额。该科目应按用途设置明细科目，进行明细核算。

二、盈余公积会计核算

1. 提取盈余公积的核算

合作社年终从本年盈余中提取盈余公积时，借记"盈余分配——各项分配"科目，贷记"盈余公积"科目。

例20：

年终，合作社从当年盈余中提取盈余公积15 000元。会计分录为：

借：盈余分配——各项分配　　　　15 000
　　贷：盈余公积　　　　　　　　　　　　15 000

2. 盈余公积使用的核算

合作社用盈余公积中的公积金转增股金或弥补亏损等时，借记"盈余公积"科目，贷记"股金""盈余分配——未分配盈余"等科目。

例21：

2020年4月1日，某果蔬农民专业合作社经成员大会通过，将30 000元盈余公积转增股金。

借：盈余公积　　　　　　　　　　30 000
　　贷：股金　　　　　　　　　　　　30 000

第六节　未分配盈余的核算

未分配盈余是合作社尚未分配，留待以后年度分配的盈余。未分配盈余涉及本年度实现的盈余及其本年度盈余分配，其计算公式如下：

年末未分配盈余 = 年初未分配盈余 + 本年盈余 – 本年已分配盈余

年末未分配盈余为正值，表示尚未分配的盈余；为负值，表示尚未弥补的亏损。

一、合作社盈余分配的内容

《农民专业合作社法》第四十四条规定，在弥补亏损、提取公积金后的当年盈余，为农民专业合作社的可分配盈余。可分配盈余按照下列规定返还或者分配给成员，具体分配办法按照章程规定或者经成员大会决议确定。

按成员与本社的交易量（额）比例返还，返还总额不得低于可分配盈余的60%。

按前项规定返还后的剩余部分，以成员账户中记载的出资额和公积金份额，以及本社接受国家财政直接补助和他人捐赠形成的财产平均量化到成员的份额,按比例分配给本社成员。

1. 盈余分配的要求

合作社的盈余分配,是指把当年已经确定的盈余总额连同以前年度的未分配盈余按照一定的标准进行合理分配。盈余分配是合作社财务管理和会计核算的重要环节,关系到国家、集体、成员及所有者等各方面的利益,具有很强的政策性。因此,合作社必须严格遵守财务会计制度等有关规定,按规定的程序和要求,搞好盈余分配工作。

合作社在进行盈余分配前,首先,应编制盈余分配方案,方案应详细规定各分配项目及其分配比例。盈余分配方案必须经合作社成员大会或成员代表大会讨论通过后执行,必须充分听取群众的意见。其次,应做好分配前的各项准备工作,清理有关财产,结清有关账目,以保证分配及时兑现,确保分配工作的顺利完成。

2. 盈余分配的顺序

合作社可供分配的盈余,按照下列顺序进行分配。

(1) 弥补上年亏损。主要是弥补上年亏损额。

(2) 提取盈余公积。盈余公积用于发展生产、转增资本,或者用于弥补亏损。

(3) 提取应付盈余返还。盈余返还部分是指在弥补亏损、提取盈余公积后可供当年成员分配的盈余,按成员交易量(额)进行盈余返利的比例不得低于60%。

(4) 提取剩余盈余返还。扣除上述各项后的盈余可将"成员出资""公积金份额""形成财产的财政补助资金量化份额""捐赠财产量化份额"合计数作为成员应享有的"剩余盈余返还金额"量化到成员进行分配。

二、未分配盈余的核算

为了反映和监督盈余的分配情况，合作社应设置"盈余分配"（所有者权益类）科目。该科目核算合作社当年盈余的分配（或亏损的弥补）和历年分配后的结存余额。该科目设置"各项分配"和"未分配盈余"两个二级科目。

合作社用盈余公积弥补亏损时，借记"盈余公积"科目，贷记"盈余分配——未分配盈余"科目。

按规定提取公积金时，借记"盈余分配——各项分配"科目，贷记"盈余公积"科目。

按交易量（额）向成员返还盈余时，借记"盈余分配——各项分配"科目，贷记"应付盈余返还"科目。

按成员账户中记载的出资额和公积金份额，以及本社接受国家财政直接补助和他人捐赠形成的财产平均量化到成员的份额，按比例分配剩余盈余时借记"盈余分配——各项分配"科目，贷记"应付剩余盈余"科目。

年终，合作社应将全年实现的盈余总额，自"本年盈余"科目转入"盈余分配"科目，借记"本年盈余"科目，贷记"盈余分配——未分配盈余"科目，如为净亏损，则做相反会计分录。同时，将"盈余分配"科目下的"各项分配"明细科目的余额转入"未分配盈余"明细科目，借记"盈余分配——未分配盈余"科目，贷记"盈余分配——各项分配"科目。年度终了，"盈余分配"科目的"各项分配"明细科目应无余额，"未分配盈余"明细科目的贷方余额表示未分配的盈余，借方余额表示未弥补的亏损。

第六章 农民专业合作社盈余实现及分配核算

第一节 合作社盈余、收入与支出

一、合作社盈余

(一) 盈余的概念

盈余是指农民专业合作社在一定期间（月、季、年）内生产组织经营和提供劳务服务活动所取得的净收入，即总收入与总支出的差额，它反映农民专业合作社一定期间的财务成果，是反映和考核农民专业合作社生产经营和提供劳务服务活动质量的一项综合性财务指标。

(二) 盈余的特点

1. 农民专业合作社的盈余来源具有专业性和多样性

农民专业合作社是一种经济组织，以其成员为主要服务对象，提供农业生产资料购买，农产品销售、加工、运输、贮藏以及与农业生产经营有关的技术、信息等服务。国家支持发展农业和农村经济的建设项目，可以委托和安排有条件的有关农民专业合作社实施。中央和地方财政应当分别安排资金，支持农民专业合作社开展信息、培训、农产品质量标准与认证、农业生产基础设施建设、市场营销和技术推广等服务。由此可见,其盈余来源具有"专业"特点的单一性,主要是提供"专业"服务取得的盈余。同时,其盈余来源又呈现出多样性,既有直接组织生产经营活动取得的盈余,也有对外投资活动获得的盈余;既有为其成员提供劳务服务取得的盈余,也有为其非成员提供劳务服务获得的盈余,既有国家项目支持形成的盈余,也有中央和地方财政资金支持形成的盈余等。

2. 农民专业合作社盈余中的收入与支出的配比并不严格

农民专业合作社的盈余来源于多种收入。有的收入与它所抵减的支出存在严格的配比关系,如加工农产品的销售收入与农产品购入成本和加工、销售费用支出,就存在着严格的配比关系;有的收入没有与之配比的支出项目,如银行存款利息收入、违约金收入、罚款收入等,只有收入项目,没有与之相对应的支出项目,不存在收入与支出的配比关系;有的收入与多项支出配比,如经济林木投产后的产品销售收入,不仅与该产品的采摘、挑选、贮藏、保管、包装、运输、销售等费用支出配比,而且还与该经济林木的营造、培植、管护所产生的费用支出配比;还有的费用与多项收入配比,如合作社免费为成员代购代销发生的费用支出,没有与之相对应的收入项目,结转盈余时直接从收入中抵减,应与全部收入配比。而在其他行业,盈余性收入与其相应的支出一般都有着严格的配比关系。

(三)盈余总额的构成

农民专业合作社本年盈余总额按下列公式计算:

盈余总额=经营收益+其他收入-其他支出

第六章 农民专业合作社盈余实现及分配核算

其中，

经营收益=经营收入+投资收益-经营支出-管理费用

这里的投资收益是指投资净收益，即投资所取得的收益扣除发生的投资损失后的余额。投资收益包括对外投资分得的利润、现金股利和债券利息，以及投资到期收回或者中途转让取得款项高于账面余额的差额等。投资损失包括投资到期收回或者中途转让取得款项低于账面价值的差额。在会计账簿上，投资收益的余额即为"投资收益"账户年末贷方余额。

（四）盈余核算的准备工作

1. 准确计算全年的收入和支出

凡是属于本年的收入和支出，都要按照权责发生制的原则，记入当年的收入和支出项目。年终，应根据有关收入和支出账户的发生额或余额，计算出应记入本年的收入和支出数额，并及时进行账务结转。

（1）要核实直接经营的农产品产量和当年的收入与支出，正确计算在产品费用，为计算各项直接经营收益提供准确的数据。

（2）要认真搞好专业合同的结算兑现工作，对未完成合同规定的代购代销业务和提供的劳务服务，应及时进行账务处理。

（3）要核实并收回对外投资应得的收益。

2. 清理财产和债权债务

年终，农民专业合作社应对所有的财产及债权债务进行一次全面清理。对各项资产、存货出现的盘盈、盘亏、毁损、报废等，要查明原因，及时处理。对各种应收款项应采取必要的措施积极催收。凡是属于本年度应该收回的，都应该收回，当年确实不能收回的，应按《农民专业合作社财务会计制度（试行）》

规定，妥善入账处理，任何人不得擅自决定应收款项的减免。对各项债务应积极偿还，按规定支付利息，并结出各项年终余额。

二、合作社收入

（一）农民专业合作社收入的来源

一是为成员提供农业生产资料购买，农产品的销售、加工、运输、贮藏以及与农业生产经营有关的技术、信息服务取得的收入。

二是销售农民专业合作社自己生产的产品。

三是为非成员提供劳务服务取得的收入。

因此，合作社的收入是指农民专业合作社在销售商品、提供劳务、让渡资产使用权以及为成员代购代销、向成员提供技术、信息服务等活动中形成的经济利益的总流入。

收入的实现，是农民专业合作社盈余实现的前提和基础，也是农民专业合作社经济活动的重要环节。因此，农民专业合作社应加强对收入实现过程的管理和核算，正确计算各项收入，为准确核算全年收益提供必要的基础。

（二）农民专业合作社收入的特点

一是收入是从农民专业合作社经营活动中产生，如农民专业合作社组织销售农产品、提供劳务服务等经营活动的收入。有些事项也能给农民专业合作社带来经济利益，但不属于经营活动，其流入的利益是利得，不是收入，如农民专业合作社接受国家财政补助资金和他人损赠。

二是收入可能表现为农民专业合作社资产的增加，如增加库存现金、银行存款、成员往来、应收款等；也可能表现为农民专业合

第六章 农民专业合作社盈余实现及分配核算

作社负债的减少,如以产品、劳务服务抵偿债务等;或两者兼而有之,如用部分产品、劳务服务偿还债务,部分收取货币资金。

三是收入能够导致农民专业合作社所有者权益增加。农民专业合作社的收入能增加资产或减少负债或两者兼而有之,根据"资产-负债=所有者权益"这一会计恒等式,农民专业合作社取得收入一定能增加所有者权益。这里的收入是指经济利益的总流入,而不是指净流入,是不将成本考虑在内的。

四是收入只包括农民专业合作社自身的经济利益流入。农民专业合作社预收或代收的款项,虽然增加了农民专业合作社的资产,但同时也增加了农民专业合作社负债,不能作为农民专业合作社的收入。另外,农民专业合作社具有法人资格,是独立的市场主体,其成员个人取得的收入,也不作为农民专业合作社的收入。

(三)农民专业合作社收入的分类

收入是农民专业合作社在一定会计期间内的日常经营及相关活动中形成的经济利益的总流入。其主要分为下列3个方面。

1. 经营收入

经营收入是指合作社销售产品、提供劳务,以及为成员代购代销、向成员提供技术、信息服务等活动取得的收入。

2. 其他收入

其他收入是指农民专业合作社收到罚款收入、存款利息收入、产品物资盘盈收入、固定资产盘盈收入、固定资产清理净收益、无形资产处置净收益、确实无法支付的应付款项、确实无法偿还的长短期借款等。

3. 投资净收益

投资净收益是指合作社对外投资取得的债券利息、现金股利、红利等收益,转让投资差价收益与损失的差额。

(四)农民专业合作社收入的核算要求

1. 正确划清收入界限

(1)要划清收益性收入内部各项目的界限。农民专业合作社的收益性收入虽然都要纳入收益分配,但为了正确核算经营、劳务服务和投资的经济效益,应按照收入的实际来源和性质认真区别,以便找出薄弱环节,采取增收节支措施。

(2)要划清农民专业合作社收入与成员收入的界限。合作社与其成员的收入实行统一核算和分别核算相结合的核算体系。凡合作社成员家庭承包者经营取得的收入和社会团体成员的自营收入,都由成员独立核算,不纳入合作社核算范畴;凡合作社直接组织生产经营和提供劳务服务取得的收入,都纳入合作社核算范畴;合作社受托代购、代销等取得的收入,既有属于成员的,又有属于合作社的,要按代购、代销合同加以区分。

2. 做好收支配比工作

农民专业合作社要按照收入、支出配比原则,在同一会计期间内确认收入的同时,结转为了取得该项收入而发生的相关支出,如产品物资销售收入确认时,要同时结转其入库的生产费用支出;劳务服务收入确认的同时,要结转为提供该项劳务服务而发生的费用支出。

3. 实行收入公开

农民专业合作社要根据《中华人民共和国农民专业合作社法》和章程的规定,于成员大会召开15日前,将年度收入业务报告置于办公地点,供成员查阅。

三、合作社支出

支出是指农民专业合作社在一定会计期间内所发生的各种经济利益的总流出,分为经营性支出和非经营性支出。经营性支出包括经营支出和管理费用;非经营性支出指其他支出。其内容包括如下3个方面。

1. 经营支出

经营支出是指农民专业合作社因销售商品、农产品,对外提供劳务等日常活动而发生的实际支出。

2. 管理费用

管理费用是指农民专业合作社因管理活动而发生的各项支出,如管理人员的工资、办公费、差旅费,管理用固定资产的折旧费和维修费等。

3. 其他支出

其他支出是指农民专业合作社与经营管理活动无直接关系的其他支出,包括:公益性固定资产的折旧费用、利息支出、农业资产的死亡和毁损支出、固定资产及产品物资的盘亏和损失、防汛抢险支出、无法收回的应收款项损失、罚款支出、固定资产清理净损失、无形资产处置损失等。

第二节 合作社盈余实现核算实务

一、合作社盈余实现核算设置会计科目

为核算合作社一定时期盈余实现情况,应设置"本年盈余"

(所有者权益类)科目(表6-1)。本科目核算合作社本年度实现的盈余。借方登记会计期末结转盈余时,转入的各项支出以及年末结转的本年净盈余;贷方登记会计期末结转盈余时,转入的各项收入以及年末结转的本年净亏损。本科目年末结转后没有余额。

表6-1 "本年盈余"(所有者权益类)账户结构

转入各项费用支出	转入各项收入
余额:亏损	余额:盈余
年终转出盈余	年终转出亏损

二、合作社盈余实现会计核算

会计期末结转盈余时,将各项收入累计数结转到"本年利润"科目,借记"经营收入""其他收入""投资收益(净收益)"科目,贷记"本年利润"科目。

会计期末结转盈余时,将各项支出累计数结转到"本年利润"科目,借记"本年利润"科目,贷记"经营支出""管理费用""其他支出""投资收益(净损失)"科目。

年度终了,应将本年收入和支出相抵后结出的本年实现的净盈余,转入"盈余分配"科目,借记"本年利润"科目,贷记"盈余分配——未分配盈余"科目;如为净亏损,做相反会计分录。

各项收入、支出的结转可以按月结转,也可以按年结转,按月结转的叫账结法,按年结转的叫表结法。农民专业合作社会计制度规定,农民专业合作社各项收入、支出的结转按年结转。

第六章 农民专业合作社盈余实现及分配核算

例1：

肉鸡养殖专业合作社2019年度产生经营收入5 000 000元，投资收益2 000 000元，其他收入250 000元，经营支出3 500 000元，管理费用500 000元，其他支出150 000元，年末进行各项收支结转的会计分录为

（1）结转本年各项收入时：

借：经营收入　　　　　　　　　5 000 000
　　投资收益　　　　　　　　　2 000 000
　　其他收入　　　　　　　　　　250 000
　　贷：本年盈余　　　　　　　7 250 000

（2）结转本年支出时：

借：本年盈余　　　　　　　　　4 150 000
　　贷：经营支出　　　　　　　3 500 000
　　　　管理费用　　　　　　　　500 000
　　　　其他支出　　　　　　　　150 000

本年净盈余=7 250 000-4 150 000=3 100 000（元）

第三节　农民专业合作社的盈余分配

一、盈余分配的程序

农民专业合作社的盈余分配，就是把当年已经确定的盈余数额加上以前年度的未分配盈余按照一定的标准进行合理分配。盈余分配是农民专业合作社财务管理和会计核算的重要环节，关系到国家、集体、农民专业合作社成员及所有者等各方面的利益，

具有很强的政策性。因此，农民专业合作社必须按规定的程序和要求，搞好盈余分配工作。农民专业合作社在进行盈余分配前，首先，应编制盈余分配方案，盈余分配方案应详细规定各分配项目及其分配比例。盈余分配方案必须经农民专业合作社成员大会或成员代表大会讨论通过后执行。其次，应做好分配前的各项准备工作，清理有关财产，结清有关账目，以保证分配及时兑现，确保分配工作的顺利完成。

农民专业合作社的可分配盈余，应按照下列程序进行分配。

一是弥补以前年度亏损。即弥补以前年度发生的亏损额。

二是提取盈余公积。即从当年实现的盈余中按一定比例提取盈余公积，用于扩大农民专业合作社的生产、转增股金，或者用于弥补亏损。

三是提取应付盈余返还。盈余返还部分是农民专业合作社在弥补亏损、提取盈余公积后可供当年成员分配的盈余。应付盈余返还应按成员与本合作社交易量（额）比例返还，盈余返还的比例不得低于可分配盈余的 60%。

四是提取剩余盈余返还。农民专业合作社可分配盈余扣除上述各项分配后的盈余，应按成员出资额、公积金份额、形成财产的财政补助资金量化份额、接受捐赠财产量化份额的合计数，按比例计算应分配给农民专业合作社各成员应享有的剩余盈余返还金额。

二、盈余分配的核算

为了反映和监督农民专业合作社盈余的分配情况，农民专业合作社应设置"盈余分配"科目，核算合作社当年盈余的分配

（或亏损的弥补）和历年分配后的结存余额。"盈余分配"科目属于所有者权益类科目，是"本年盈余"科目的抵减科目，借方登记农民专业合作社各项盈余的分配及结转的农民专业合作社发生的亏损，贷方登记从"本年盈余"科目转入的农民专业合作社本年实现的盈余和农民专业合作社亏损的弥补。农民专业合作社应在"盈余分配"科目下设置"各项分配"和"未分配盈余"两个二级科目，并按盈余的用途设置明细科目，进行明细分类核算。年度终了，本科目的"各项分配"二级科目应无余额，"未分配盈余"二级科目的贷方余额表示合作社历年积存的尚未分配的盈余，如为借方余额表示合作社历年积存的尚未弥补的亏损。

1. 弥补亏损

农民专业合作社当年实现的盈余首先应弥补以前年度发生的亏损，不足部分再以盈余公积弥补。用盈余公积弥补亏损时，应借记"盈余公积"科目，贷记"盈余分配——未分配盈余"科目。

例2：

2020年年末，蔬菜专业合作社本年度发生亏损20 000元，以盈余公积弥补。编制转账凭证，会计分录为：

借：盈余公积——公积金　　　　　　　　20 000
　　贷：盈余分配——公积金未分配盈余　　　20 000

会计人员根据转账凭证登记"盈余公积""盈余分配"总账，根据转账凭证及原始凭证登记"盈余公积""盈余分配"明细账。

2. 提取盈余公积

农民专业合作社按章程提取盈余公积时，应借记"盈余分配——各项分配"科目，贷记"盈余公积"科目。

例3：

某蛋鸡养殖专业合作社本年实现盈余250 000元，经农民专业合作社全体成员大会决议，首先弥补以前年度发生的亏损20 000元。然后按农民专业合作社章程规定，从当年实现盈余中提取公积金20 000元，提取公益金10 000元。会计处理如下：

（1）将本年实现盈余转入"盈余分配"时，编制转账凭证，会计分录为：

借：本年盈余　　　　　　　　　　　　250 000
　　贷：盈余分配——未分配盈余（本年盈余）　250 000

会计人员根据转账凭证登记"本年盈余""盈余分配"总账，根据转账凭证及原始凭证登记"盈余分配"明细账。结转后即弥补以前年度发生的亏损20 000元。

（2）提取公积金及公益金时，编制转账凭证，会计分录为：

借：盈余分配——各项分配（盈余公积）　30 000
　　贷：盈余公积——公积金　　　　　　20 000
　　　　　　　——公益金　　　　　　　10 000

会计人员根据转账凭证登记"盈余分配""盈余公积"总账，根据转账凭证及原始凭证登记"盈余分配""盈余公积"明细账。

3. 返还盈余

农民专业合作社按交易量（额）向成员返还盈余时，应借记"盈余分配——各项分配"科目，贷记"应付盈余返还"科目。

例4：

2020年年末，某蛋鸡养殖专业合作社董事会研究决定，将当年实现盈余扣除弥补亏损、提取盈余公积后盈余的60%返还给合作社成员，共计120 000元。编制转账凭证，会计分录为：

借：盈余分配——各项分配（盈余返还） 120 000
　　贷：应付盈余返还——各出资成员　　　　120 000

会计人员根据转账凭证登记"盈余分配""应付盈余返还"总账，根据转账凭证及原始凭证登记"盈余分配""应付盈余返还"明细账。

4. 分配剩余盈余

农民专业合作社以成员账户中记载的出资额和公积金份额，以及合作社接受国家财政直接补助和他人捐赠形成的财产平均量化到成员的份额，按比例分配剩余盈余时，借记"盈余分配——各项分配"科目，贷记"应付剩余盈余"科目。

例5：

2020年年末，经合作社董事会研究决定，将返还合作社成员后的剩余盈余，按成员账户中记载的出资额和公积金份额进行分配，共计80 000元。编制转账凭证，会计分录为：

借：盈余分配——各项分配（剩余返还） 80 000
　　贷：应付剩余盈余——各成员　　　　　　80 000

会计人员根据转账凭证登记"盈余分配""应付剩余盈余"总账，根据转账凭证及原始凭证登记"盈余分配""应付剩余盈余"明细账。

5. 结转"本年盈余"及"盈余分配"明细科目

（1）年终，农民专业合作社应将全年实现的盈余（或发生的亏损）总额，自"本年盈余"科目转入"盈余分配"科目。

结转盈余时，借记"本年盈余"科目，贷记"盈余分配——未分配盈余"科目；结转净亏损时，作相反会计分录。

例6：

某生猪养殖专业合作社2018年度共实现盈余100 000元，年终结转时，编制转账凭证，会计分录应为：

借：本年盈余　　　　　　　　　　　100 000
　　贷：盈余分配——未分配盈余（本年盈余）　100 000

会计人员根据转账凭证登记"本年盈余""盈余分配"总账，根据转账凭证及原始凭证登记"盈余分配"明细账。

例7：

某粮食种植专业合作社2020年度发生亏损80 000元，年终结转时，编制转账凭证，会计分录应为：

借：盈余分配——未分配盈余（本年亏损）80 000
　　贷：本年盈余　　　　　　　　　　　80 000

会计人员根据转账凭证登记"盈余分配""本年盈余"总账，根据转账凭证及原始凭证登记"盈余分配"明细账。

（2）年终，农民专业合作社应将"盈余分配——各项分配"二级科目的余额转入"盈余分配——未分配盈余"二级科目。结转时，借记"盈余分配——未分配盈余"科目，贷记"盈余分配——各项分配"科目。

例8：

2020年末，养殖专业合作社盈余分配各明细科目余额为："盈余分配——各项分配"科目借方余额210 000元，"盈余分配——未分配盈余"科目贷方余额为210 000元。结转盈余分配明细科目会计分录为：

借：盈余分配——未分配盈余(各项分配)　　210 000

贷：盈余分配——各项分配(盈余公积)　　　 10 000

　　　　　　——各项分配(盈余返还)　　　120 000

　　　　　　——各项分配(剩余返还)　　　 80 000

会计人员登记"盈余分配"总账及明细账。

结转后，该专业合作社"盈余分配——未分配盈余"科目无余额，表明无未分配盈余。如果有贷方余额则为历年累积的未分配的盈余。如果为借方余额则为历年发生的亏损。

第七章 农民专业合作社会计报表编制

第一节 会计报表概述

一、会计报表的种类

会计报表是在日常核算的基础上,以统一的格式、统一的量度,更集中、更概括、更深刻地反映合作社某一特定日期财务状况和某一会计期间经营成果的书面报告文件。编制会计报表是会计核算的专门方法之一。《农民专业合作社财务会计制度(试行)》规定如下。

合作社应编制资产负债表、盈余及盈余分配表、成员权益变动表、科目余额表和收支明细表、财务状况说明书等。

合作社应按登记机关规定的时限和要求,及时报送资产负债表、盈余及盈余分配表和成员权益变动表。各级农村经营管理部门,应对所辖地区报送的合作社资产负债表、盈余及盈余分配表和成员权益变动表进行审查,然后逐级汇总上报,同时附送财务状况说明书,按规定时间报农业部。

收支明细表和科目余额表的格式及编制由省、自治区、直辖市财政部门和农村经营管理部门规定。重点是供合作社内部管理使用。

二、会计报表编报要求

合作社应按照规定准确、及时、完整地编制会计报表，向登记机关、农村经营管理部门和有关单位报送，并按时置备于办公地点，供成员查阅。

三、会计报表编制前的准备工作

为了能及时编制出数字真实、计算正确、内容完整的会计报表，合作社必须认真做好编制会计报表前的准备工作。

1. 财产清查

就是通过对实物的盘点，对银行存款、往来款项的清理核对，查明各项财产物资、货币资金、往来款项的实有数与账面数的差异，然后调整账面记录使其与实际数相符的方法。合作社在编制会计报表前应进行财产清查，目的是做到账实相符。由于财产清查的工作量较大，一般应采取月度重点抽查，年度再进行全面清查。

2. 账目核对

账目核对是指把有关账项进行核对。做到"账账相符"。核对账目包括外部核对和内部核对。外部核对是指合作社与其他单位往来账项的核对，内部核对是指合作社内部总账与明细账、总账与日记账的核对。在编制会计报表前，这些账项都要核对相符。

3. 调整账项

调整账项就是根据权责发生制的原则,将应属于本期的收入和费用全部登记入账,以便正确确定本期的财务成果。

4. 结账

结账是指在当期的经济业务全部入账的基础上,计算出所有账户的本期发生额并计算出期末余额。

5. 编制试算平衡表

检查账务处理是否正确。

在做好上述准备工作后,接下来就可按规定编制会计报表。

第二节 资产负债表

一、什么是资产负债表

1. 资产负债表的特点

资产负债表又称财务状况表,是反映合作社在一定日期(如在月末、季末、半年末或年末时)资产、负债和所有者权益状况的会计报表。它记录的是合作社在某个期间结束的时候的资产、负债和所有者权益的状况。资产负债表就如同生活中的一张照片,能够记录和报告的是一个合作社的精彩瞬间。

2. 资产负债表设计原理

资产负债表设计原理是会计恒等式,用公式表示为:

资产＝负债+所有者权益

在某一特定时点,资产等于负债加所有者权益的数量关系是永恒的。资产讲的是在特定时点合作社拥有哪些可供使用的经济

第七章 农民专业合作社会计报表编制

资源。负债和所有者权益揭示的是这些资产是从哪儿来的,即资产的来源或权利,它们是同一事物的两个方面。资产等于负债加所有者权益的公式,又称为会计恒等式,会计恒等式是设计资产负债表的基本依据。

3. 资产负债表的格式

完整的资产负债表包括表头、正表和补充资料3个部分。根据财政部颁布的《农民专业合作社财务会计制度(试行)》的规定,合作社的资产负债表正表采用账户式。账户式资产负债表的特点是,表的结构(如账户),分左右两方,表的左方列示合作社在特定时点的经济资源,即资产,按照资产的流动性,分别列示流动资产和长期资产两大类;右方列示企业在特定时点的负债和所有者权益。负债按流动性分别列示流动负债和长期负债两大类,所有者权益分别列示对合作社的投入和合作社的经营积累两大类。合作社资产负债表具体格式如表7-1所示。

表7-1 资产负债表

编制单位：　　　　　　　年　　月　　日　　　　　　　单位：元

资产	行次	年初数	年末数	负债及所有者权益	行次	年初数	年末数
流动资产：				流动负债：			
货币资金	1			短期借款	30		
应收款项	5			应付款项	31		
存货	6			应付工资	32		
流动资产合计	10			应付盈余返还	33		
				应付剩余盈余	35		
长期资产：				流动负债合计	36		
对外投资	11						

(续表)

资产	行次	年初数	年末数	负债及所有者权益	行次	年初数	年末数
农业资产：							
牲畜(禽)资产	12			长期负债：			
林木资产	13			长期借款	40		
农业资产合计	15			专项应付款	41		
固定资产：				长期负债合计	42		
固定资产原值	16			负债合计	43		
减：累计折旧	17						
固定资产净值	20						
固定资产清理	21			所有者权益：			
在建工程	22			股金	44		
固定资产合计	25			专项基金	45		
其他资产：				资本公积	46		
无形资产	27			盈余公积	47		
长期资产合计	28			未分配盈余	50		
资产总计	29			所有者权益合计	51		
				负债和所有者权益总计	54		

二、资产负债表的作用

资产负债表能够提供合作社在某一日期资产、负债、所有者权益及其相互关系的财务信息，它就好比是生活中的一张照片，记录了企业在月末或年末时刻的一个精彩瞬间。它的作用至少可以表现在以下5个方面。

一是可以提供合作社在某一个特定日期拥有的资产总量及其

结构的财务信息。资产负债表可以展示合作社的实力，报告资源结构。

二是可以提供合作社在特定日期的负债总额及其结构的财务信息。资产负债表可以告诉我们合作社在特定时点承担的债务总额、债务项目及偿还债务时间。

三是可以反映在特定时点所有者对合作社资产拥有的权益及形成原因。

四是将一定时期的资产、负债和所有者权益进行比较，就可以观察合作社财务发展变化的趋势。

五是借助资产负债表的分析，还可以判断合作社是否健康。有助于合作社管理层做出经济决策。如我们通过计算资产负债率，可以判断合作社的潜在风险有多大；通过计算流动比率和速动比率，可以判断合作社短期偿债能力强不强，尤其是可以判断合作社是否可以岁岁平安。通过对资产的分析，可以了解资产的质置高不高，资产的结构是否合理，资产的使用效率高不高。通过对负债的分析，可以进一步排查合作社的现实风险和潜在风险。

三、资产负债表的内容和编制

资产负债表"年初数"栏内各项数字，应根据上年资产负债表的"年末数"栏所列数字填列。资产负债表"年末数"各项目的填列方法如下。

1. 资产项目及填列方法

（1）"货币资金"项目。反映合作社库存现金、银行结算户存款等货币资金的合计数。本项目应根据"库存现金""银行存款"科目的年末余额合计填列。

（2）"应收款项"项目。反映合作社应收而未收回和暂付的各种款项，本项目应根据"应收款"和"成员往来"各明细科目的年末借方余额的合计数填列。

（3）"存货"项目。反映合作社年末在库、在途和在加工中的各项存货的价值，包括各种材料、燃料、机械零配件、包装物、种子、化肥、农药、农产品、在产品、半成品、产成品等。本项目应根据"产品物资""受托代销商品""受托代购商品""委托加工物资""委托代销商品""生产成本"科目的年末余额合计填列。

（4）"对外投资"项目。反映合作社各种投资的账面余额。本项目应根据"对外投资"科目的年末余额填列。

（5）"牲畜（禽）资产"项目。反映合作社购入或培育的幼禽及育肥畜和产役畜的账面余额。本项目应根据"牲畜（禽）资产"科目的年末余额填列。

（6）"林木资产"项目。反映合作社购入或营造的林木的账面余额。本项目应根据"林木资产"科目的年末余额填列。

（7）"固定资产原值"项目和"累计折旧"项目。反映合作社各种固定资产原值及累计折旧，这两个项目应分别根据"固定资产"科目和"累计折旧"科目的年末余额填列。

（8）"固定资产清理"项目。反映合作社因出售、报废、毁损等原因转入清理但尚未清理完毕的固定资产的账面净值，以及固定资产清理过程中发生的清理费用和变价收入等各项金额的差额。本项目应根据"固定资产清理"科目的年末借方余额填列；如为贷方余额，本项目数字以"—"号表示。

第七章 农民专业合作社会计报表编制

（9）"在建工程"项目。反映合作社各项尚未完工或已完工但尚未办理竣工决算和交付使用的工程项目的实际成本。本项目应根据"在建工程"科目的年末余额填列。

（10）"无形资产"项目。反映合作社持有的各项无形资产的账面余额。本项目应根据"无形资产"科目的年末余额填列。

2. 负债项目及填列方法

（1）"短期借款"项目。反映合作社借入尚未归还的一年期（含一年）的借款。本项目应根据"短期借款"科目的年末余额填列。

（2）"应付款项"项目。反映合作社应付而未付及暂收的各种款项。本项目应根据"应付款项"科目年末余额和"成员往来"各明细科目期末贷方余额合计数填列。

（3）"应付工资"项目。反映合作社已提取但尚未支付的人员工资。本项目应根据"应付工资"科目年末余额填列。

（4）"应付盈余返还"项目。反映合作社按交易量（额）应支付但尚未支付给成员的可分配的盈余返还。本项目应根据"应付盈余返还"科目的年末余额填列。

（5）"应付剩余盈余"项目。反映合作社以成员账户中记载的出资额和公积金份额，以及本社接受国家财政直接补助和他人捐赠形成的财产平均量化到本社社员的、应支付但尚未支付给社员的剩余盈余。本项目应根据"应付剩余盈余"科目的年末余额填列。

（6）"长期借款"项目。反映合作社借入尚未归还的1年期以上（不含1年）的借款。本项目应根据"长期借款"科目的年末余额填列。

（7）"专项应付款"项目。反映合作社实际收到国家财政直接补助而尚未使用和结转的资金数额。本项目应根据"专项应付款"科目的年末余额填列。

3. 所有者权益项目及填列方法

（1）"股金"项目。反映合作社实际收到社员投入的股金总额，本项目应根据"股金"科目的年末余额填列。

（2）"专项基金"项目。反映合作社通过国家财政直接补助转入和他人捐赠形成的专项基金总额。本项目应根据"专项基金"科目年末余额填列。

（3）"资本公积"项目。反映合作社资本公积的账面余额。本项目应根据"资本公积"科目的年末余额填列。

（4）"盈余公积"项目。反映合作社盈余公积账面余额。本项目应根据"盈余公积"科目年末余额填列。

（5）"未分配盈余"项目。反映合作社尚未分配的盈余。本项目应根据"本年盈余"科目和"盈余分配"科目的年末余额计算填列；未弥补的亏损，本项目内数字以"—"号表示。

第三节　盈余及盈余分配表

一、什么是盈余及盈余分配表

盈余及盈余分配表反映合作社在一定期间内实现盈余及其分配的实际情况。该表包括以下两个部分。

一是计算和报告本年盈余，计算公式为：

经营收益＝经营收入＋投资收益－经营支出－管理费用

本年盈余＝经营收益＋其他收入－其他支出

二是计算和报告可分配盈余、盈余分配和年末未分配盈余，计算公式为：

可分配盈余＝本年盈余＋年初未分配盈余＋其他转入

年末未分配盈余＝可分配盈余－提取盈余公积－盈余返还－剩余盈余分配

盈余及盈余分配表如表7-2所示。

表7-2 盈余及盈余分配表

编制单位：　　　　　　年　月　日　　　　　　单位：元

项目	行次	金额	项目	行次	金额
本年盈余			盈余分配		
一、经营收入	1		四、本年盈余	16	
加：投资收益	2		加：年初未分配盈余	17	
减：经营支出	5		其他转入	18	
管理费用	6		五、可分配盈余	21	
二、经营收益	10		减：提取盈余公积	22	
加：其他收入	11		盈余返还	23	
减：其他支出	12		剩余盈余分配	24	
三、本年盈余	15		六、年末未分配盈余	28	

二、盈余及盈余分配的作用

合作社编制盈余及盈余分配表的作用主要有两个方面。

一方面，计算和报告合作社在某一会计期间盈余形成的过程，包括发生的收入、费用和计算的盈余。

另一方面，报告可分配盈余的来源，计算和报告可分配的盈余，报告盈余分配的去向，计算和报告年末未分配盈余。

三、盈余及盈余分配表的内容和编制

1. 本年盈余部分

（1）"经营收入"项目。反映合作社进行生产、销售、服务、劳务等活动取得的收入总额。本项目应根据"经营收入"科目的发生额分析填列。

（2）"投资收益"项目。反映合作社以各种方式对外投资所取得的收益，本项目应根据"投资收益"科目的发生额分析填列；如为投资损失，以"—"号填列。

（3）"经营支出"项目。反映合作社进行生产、销售、服务、劳务等活动发生的费用。本项目应根据"经营支出"科目的发生额分析填列。

（4）"管理费用"项目。反映合作社为组织和管理生产经营服务活动而发生的费用，本项目应根据"管理费用"科目的发生额分析填列。

（5）"其他收入"项目和"其他支出"项目。反映合作社除从事主要生产经营活动以外而取得的收入和发生的支出，本项目应根据"其他收入"和"其他支出"科目的发生额分析填列。

（6）"本年盈余"项目。反映合作社本年实现的盈余总额，如为亏损总额，本项目数字以"—"号填列。

2. 盈余分配部分

（1）"本年盈余"项目。根据"盈余及盈余分配表"的本年盈余部分计算的本年盈余项目直接填列。

（2）"年初未分配盈余"项目。反映合作社上年度未分配的盈余。本项目应根据上年度盈余及盈余分配表中的"年末未分配

第七章 农民专业合作社会计报表编制

盈余"数额填列。

(3) "其他转入"项目。反映合作社按规定用公积金弥补亏损等转入的数额,本项目应根据实际转入的公积金数额填列。

(4) "可分配盈余"项目。反映合作社年末可供分配的盈余总额,本项目应根据"本年盈余"项目、"年初未分配盈余"项目和"其他转入"项目的合计数填列。

(5) "提取盈余公积"项目。反映合作社按规定提取的盈余公积数额,本项目应根据实际提取的盈余公积数额填列。

(6) "盈余返还"项目。反映合作社按交易量(额)应返还给成员的盈余,本项目应根据"盈余分配"科目的发生额分析填列。

(7) "剩余盈余分本"项目。反映合作社按规定应分配给成员的剩余可分配盈余,本项目应根据"盈余分配"科目的发生额分析填列。

(8) "年末未分配盈余"项目。反映合作社年末累计未分配的盈余,本项目应根据"可分配盈余"项目扣除各项分配数额的差额填列,如为未弥补的亏损,本项目数字以"—"号填列。

第四节 成员权益变动表和财务状况说明书

一、成员权益变动表

1. 什么是成员权益变动表

成员权益变动表是报告年度合作社成员权益增减变动情况的会计报表。它的格式如表7-3所示。

表7-3 成员权益变动表

编制单位：　　　　　　　　　　　　　年　月　日　　　　　　　　　　　　单位：元

项目	股金	其中：资本公积转赠	盈余公积转赠	成员增加出资	专项基金	其中：国家财政直接补助	接受捐赠转入	资本公积	其中：股金溢价	资产评估增值	盈余公积	其中：从盈余中提取	未分配盈余	其中：按交易量（额）分配的盈余	剩余盈余分配	合计
年初余额																
本年增加数																
本年减少数																
年末余额																

第七章 农民专业合作社会计报表编制

2. 成员权益变动表的编制方法

本表各项目应根据"股金""专项基金""资本公积""盈余公积""未分配盈余"科目的发生额分析填列。

"未分配盈余"的本年增加数是指本年实现盈余数（净亏损以"一"号填列）。

二、成员账户

1. 什么是成员账户

成员账户是反映合作社成员入社出资额、量化到成员的公积金份额、成员与本社的交易量（额）以及返还给成员的盈余和剩余盈余金额的会计报表。成员账户的格式如表7-4所示。

2. 成员账户登记方法

年初将上年各项公积金数额转入；本年发生公积金份额变化时，按实际发生变化数填列调整；"形成财产的财政补助资金量化份额""捐赠财产量化份额"在年度终了，或在合作社进行剩余盈余分配时，根据实际发生情况或变化情况计算填列调整。

成员与合作社发生经济业务往来时，"交易量（额）"按实际发生数填列。

年度终了，以"成员出资""公积金份额""形成财产的财政补助资金量化份额""捐赠财产量化份额"合计数汇总成员应享有的合作社公积金份额，以"盈余返还金额"和"剩余盈余返还金额"合计数汇总为成员全年盈余返还总额。

表 7-4 成员账户

成员姓名：　　　　　　　　　　联系地址：　　　　　　　　　　　　　　　　　　　　第　　页

编号	年月日		摘要	成员出资	公积金份额	形成财产的财政补助资金量化份额	捐赠财产量化份额	交易量		交易额		盈余返还金额	剩余盈余返还金额
	月	日						产品1	产品2	产品1	产品2		
1													
2													
3													
4													
5													
年终合计													

公积金总额：　　　　　　　　　　　　　　　　　　盈余返还总额：

三、财务状况说明书

1. 什么是财务状况说明书

财务状况说明书是对合作社一定会计期间生产经营、提供劳务服务以及财务、成本情况进行分析说明的书面文件。根据《农民专业合作社财务会计制度（试行）》规定，合作社应在年末对年度内财务状况进行全面系统分析，并编制财务状况说明书。

2. 财务状况说明书的内容

合作社的财务状况说明书至少包括下列内容。

（1）合作社生产经营服务的基本情况。包括：合作社的股金总额、成员总数、农民成员数及所占的比例、主要服务对象、主要经营项目等情况。

（2）成员权益结构。主要是：理事长、理事、执行监事、监事会成员名单及变动情况；各成员的出资额，量化为各成员的公积金份额以及成员入社和退社情况；企事业单位或社会团体成员个数及所占的比例；成员权益变动情况。

（3）其他重要事项。主要是：变更主要经营项目；从事的进出口贸易；重大财产处理、大额举债、对外投资和担保；接受捐赠；国家财政支持和税收优惠；与成员的交易量（额）和与利用其提供服务的非成员的交易量（额）；提取盈余公积的比例；盈余分配方案、亏损处理方案；未决诉讼、仲裁。

第五节　收支明细表和科目余额表

一、收支明细表

收支明细表是按月编制的、反映合作社在会计年度各月与年内至每个月末止累计发生的各项收支明细项目的会计报表。本表应根据构成本年盈余的各项收支科目发生额分析计算填列。收支明细表的格式如表7-5所示。

表7-5　收支明细表

编制单位：　　　　　　　　　年　月　日　　　　　　　　单位：元

项目	序号	本月数	本年累计数	项目	序号	本月数	本年累计数
一、经营收入				一、经营支出			
1. 产品销售收入				1. 销售产品成本			
2. 委托代销收入				2. 销售费用			
3. 代购代销收入				3. 销售物资成本			
4. 服务收入				4. 销售牲畜成本			
5. 劳务收入				5. 销售林木成本			
				6. 经济林木摊销			
				7. 运输费			
二、其他收入				8. 固定资产折旧			
1. 利息收入				9. 其他经营支出			
2. 资产盘盈收入							
3. 物资盘盈收入							

(续表)

项目	序号	本月数	本年累计数	项目	序号	本月数	本年累计数
4. 罚没收入				二、管理费用			
				1. 管理人员报酬			
				2. 办公费			
				3. 差旅费			
三、投资收益				4. 固定资产折旧			
1. 投资分得利润				5. 业务招待费			
2. 债券利息				6. 无形资产摊销			
3. 现金股利							
4. 转让收回收益							
				三、其他支出			
				1. 贷款利息			
				2. 农业资产损失			
				3. 资产物资盘亏			
				4. 罚款支出			
				5. 捐赠支出			
				6. 坏账损失			
				7. 税金			
收入合计				支出合计			
收支差额							

二、科目余额表

科目余额表是合作社按月编制、用以反映月末各会计科目余额的会计报表。科目余额表也是试算平衡表,是编制资产负债表的基础。编制科目余额表,可以检查合作社账目是否正确,依据科目余额表也可以分析财务状况和收支状况。科目余额表的格式如表7-6所示。

表7-6 科目余额表

编制单位： 年 月 日 单位：元

科目代码	科目名称	年初余额		期初余额		本期发生额		本年累计		期末余额	
		借方	贷方	借方	贷方	借方	贷方	借方	贷方	借方	贷方
1001	库存现金										
1002	银行存款										
1012	其他货币资金										
1101	交易性金融资产										
1121	应收票据										
1122	应收账款										
1123	预付账款										
1131	应收股利										
1132	应收利息										
1221	其他应收款										
1231	坏账准备										
1233	库存商品										
1401	物资采购										
1402	在途物资										
1404	材料成本差异										
1405	开发产品										
1406	发出商品										
1407	商品进销差价										
1408	周转材料										
1409	委托加工物资										

第七章 农民专业合作社会计报表编制

(续表)

科目代码	科目名称	年初余额		期初余额		本期发生额		本年累计		期末余额	
		借方	贷方	借方	贷方	借方	贷方	借方	贷方	借方	贷方
1411	低值易耗品										
1412	存货跌价准备										
1421	抵债资产										
1431	融资租赁资产										
1501	持有至到期投资										
1502	持有至到期投资减值准备										
1503	可供出售金融资产										
1511	长期股权投资										
1601	固定资产										
1602	累计折旧										
1603	固定资产减值准备										
1604	在建工程										
1605	工程物资										
1606	固定资产清理										
1701	无形资产										
1801	长期待摊费										
1811	递延所得税资产										
1901	待处理财产损溢										
2001	短期借款										
2201	应付票据										
2202	应付账款										
2203	预收账款										
2211	应付职工薪酬										

(续表)

科目代码	科目名称	年初余额		期初余额		本期发生额		本年累计		期末余额	
		借方	贷方	借方	贷方	借方	贷方	借方	贷方	借方	贷方
2221	应交税费										
2231	应付股利										
2232	应付利息										
2241	其他应付款										
2501	长期借款										
4001	实收资本/股本										
4103	本年利润										
4104	利润分配										
5001	开发成本										
6001	主营业务收入										
6051	其他业务收入										
6111	投资收益										
6301	营业外收入										
6401	主营业务成本										
6402	其他业务支出										
6403	营业税金及附加										
6601	销售费用										
6602	管理费用										
6603	财务费用										
6711	营业外支出										
6801	所得税费用										
	合计										

第八章 农民专业合作社财务管理

第一节 资产管理

资产是指合作社过去的交易或者事项形成的、合作社拥有或者控制的、预期会给合作社带来经济利益的资源。合作社的资产按流动性分为流动资产和长期资产。

一、流动资产管理

1. 货币资金管理

货币资金包括库存现金和银行存款等。

合作社要加强货币资金管理,建立货币资金业务的岗位责任制,明确相关岗位的职责权限。明确审批人和经办人对货币资金业务的权限、程序、责任和相关控制措施。合作社收取现金时手续要完备,使用统一规定的收款凭证。加强现金库存限额管理,合作社取得的所有现金均应及时入账,不准以白条抵库,不准挪用,不准公款私存。合作社要及时、准确地核算现金收入、支出和结存,做到账款相符。要组织专人定期或不定期清点核对现金。合作社要定期与银行、信用社或其他金融机构核对账目。支票和财务印鉴不得由同一人保管。对重要或额度较大的货币资金收支业务,应当集体决策和审批,并建立责任追究制度,防范贪污、侵占、挪用货币资金的行为。本社银行账号、账户不得出租、出借或转让,不得将公款外借,禁止以合作社名义为其他单位和个人提供担保。

2. 应收款项管理

合作社的应收款项包括本社成员和非本社成员的各项应收及暂付款项。合作社对拖欠的应收款项要采取切实可行的措施积极催收。对确实无法收回的应收及暂付款项,按规定程序批准核销。

3. 存货管理

合作社的存货包括种子、化肥、燃料、农药、原材料、机械零配件、低值易耗品、在产品、农产品、工业产成品、受托代销商品、受托代购商品、委托代销商品和委托加工物资等。

存货按照下列原则计价:购入的物资按照买价加运输费、装卸费、运输途中的合理损耗等计价;受托代购商品视同购入的物资计价;生产入库的农产品和工业产成品,按生产过程中发生的实际支出计价;委托加工物资验收入库时,按照委托加工物资的成本加上实际支付的全部费用计价;受托代销商品按合同或协议约定的价格计价,出售受托代销商品时,实际收到的价款大于合同或协议约定价格的差额计入经营收入,实际收到的价款小于合同或协议约定价格的差额计入经营支出;委托代销商品按委托代销商品的实际成本计价。领用或出售的出库存货成本的确定,可在"先进先出法""加权平均法""个别计价法"等方法中任选一种,但是一经选定,不得随意变动。

合作社要加强存货管理,建立保管人员岗位责任制。存货入库时，保管员清点验收入库，填写入库单；出库时，由保管员填写出库单，主管负责人批准，领用人签名盖章，保管员根据批准后的出库单出库。

合作社对存货要定期盘点核对，做到账实相符，年末必须进行一次全面的盘点清查。盘亏、毁损和报废的存货，按规定程序批准后，按实际成本扣除应由责任人或者保险公司赔偿的金额和残料价值后的余额，计入其他支出。

二、长期资产管理

长期资产是指不能够或者不准备在1年（含1年）或超过1年的一个营业周期内变现或耗用的资产。具体包括农业资产、对外投资、固定资产和无形资产等。

1. 农业资产管理

合作社的农业资产包括牲畜（禽）资产和林木资产等。

农业资产按下列原则计价：购入的农业资产按照购买价及相关税费等计价；幼畜及育肥畜的饲养费用、经济林木投产前的培植费用、非经济林木郁闭前的培植费用按实际成本计入相关资产成本；产役畜、经济林木投产后，应将其成本扣除预计残值后的部分在其正常生产周期内按直线法分期摊销，预计净残值率按照产役畜、经济林木成本的5%确定，已提足折耗但未处理仍继续使用的产役畜、经济林木不再摊销；农业资产死亡毁损时，按规定程序批准后，按实际成本扣除应由责任人或者保险公司赔偿的金额后的差额，计入其他收支；合作社其他农业资产，可比照牲畜（禽）资产和林木资产的计价原则处理。

2. 对外投资管理

合作社根据国家法律、法规规定,可以采用货币资金、实物资产或者购买股票、债券等有价证券方式向其他单位投资。

合作社的对外投资按照下列原则计价。

以现金、银行存款等货币资金方式向其他单位投资的,按照实际支付的款项计价。

以实物资产(含牲畜和林木)方式向其他单位投资的,按照评估确认或者合同、协议确定的价值计价。

合作社以实物资产方式对外投资,其评估确认或合同、协议确定的价值必须真实、合理,不得高估或低估资产价值。实物资产重估确认价值与其账面净值之间的差额,计入资本公积。

合作社对外投资分得的现金股利或利润、利息等计入投资收益。出售、转让和收回对外投资时,按实际收到的价款与其账面余额的差额,计入投资收益。

合作社要加强对外投资业务管理,明确审批人和经办人的权限、程序、责任和相关控制措施。合作社的对外投资业务(包括对外投资决策、评估及其收回、转让与核销),应当由理事会提交成员大会决策,严禁任何个人擅自决定对外投资或者改变成员大会的决策意见。合作社应当建立对外投资责任追究制度,对在对外投资中出现重大决策失误、未履行集体审批程序和不按规定执行对外投资业务的人员,应当追究相应的责任。合作社应当对对外投资业务各环节设置相应的记录或凭证,加强对审批文件、投资合同或协议、投资方案书、对外投资有关权益证书、对外投资处置决议等文件资料的管理,明确各种文件资料的取得、归档、保管、调阅等各个环节的管理规定及相关人员的职责权限。

合作社应当加强对投资收益的控制，对外投资获取的利息、股利以及其他收益，均应纳入会计核算，严禁设置账外账。

3. 固定资产管理

合作社的房屋、建筑物、机器、设备、工具、器具和农业基本建设设施等，凡使用年限在1年以上、单位价值在500元以上的列为固定资产。有些主要生产工具和设备，单位价值虽低于规定标准，但使用年限在1年以上的，也可列为固定资产。

合作社以经营租赁方式租入和以融资租赁方式租出的固定资产，不应列作合作社的固定资产。

合作社应当根据具体情况分别确定固定资产的入账价值。

（1）购入的固定资产不需要安装的，按实际支付的买价加采购费、包装费、运杂费、保险费和缴纳的有关税金等计价；需要安装或改装的，还应加上安装费或改装费。

（2）新建的房屋及建筑物、农业基本建设设施等固定资产，按竣工验收的决算价计价。

（3）接受捐赠的全新固定资产，应按发票所列金额加上实际发生的运输费、保险费、安装调试费和应支付的相关税金等计价；无所附凭据的，按同类设备的市价加上应支付的相关税费计价。接受捐赠的旧固定资产，按照经过批准的评估价值或双方确认的价值计价。

（4）在原有固定资产基础上进行改造、扩建的，按原有固定资产的价值，加上改造、扩建工程而增加的支出，减去改造、扩建工程中发生的变价收入计价。

（5）投资者投入的固定资产，按照投资各方确认的价值计价。

合作社必须建立固定资产折旧制度，按年或按季、按月提取固定资产折旧。固定资产的折旧方法可在"平均年限法""工作量法"等方法中任选一种，但是一经选定，不得随意变动。合作社应当对所有的固定资产计提折旧，但是，已提足折旧仍继续使用的固定资产除外。合作社当月或当季度增加的固定资产，当月或当季度不提折旧，从下月或下季度起计提折旧；当月或当季度减少的固定资产，当月或当季度照提折旧，从下月或下季度起不提折旧。固定资产提足折旧后，不管能否继续使用，均不再提取折旧；提前报废的固定资产，也不再补提折旧。

固定资产变卖和清理报废的变价净收入与其账面净值的差额计入其他收支。固定资产变价净收入是指变卖和清理报废固定资产所取得的价款减清理费用后的净额。固定资产净值是指固定资产原值减累计折旧后的净额。

合作社要加强固定资产管理，建立人员岗位责任制。应当定期对固定资产盘点清查，做到账实相符，年度终了前必须进行一次全面的盘点清查。盘亏及毁损的固定资产，应查明原因，按规定程序批准后，按其原价扣除累计折旧、变价收入、过失人及保险公司赔款之后，计入其他支出。

合作社的在建工程指尚未完工，或虽已完工但尚未办理竣工决算的工程项目。在建工程按实际消耗的支出或支付的工程价款计价。形成固定资产的在建工程完工交付使用后，计入固定资产。对正在施工的建筑工程和安装工程，要求施工单位将工程项目进度及时报送，按相关规定审查工程进度，按工程实际完成情况支付工程款，建立严格的工程款支付责任制度和制约程序。对金额较大的在建工程项目应约定质保期和质保金。在建工程部分

第八章　农民专业合作社财务管理

发生报废或者毁损，按规定程序批准后，按照扣除残料价值和过失人及保险公司赔款后的净损失，计入工程成本。单项工程报废以及由于自然灾害等非常原因造成的报废或者毁损，其净损失计入其他支出。

4. 无形资产管理

合作社的无形资产是指合作社长期使用但是没有实物形态的资产，包括专利权、商标权、非专利技术等。无形资产按取得时的实际成本计价，并从使用之日起，在预计使用年限内平均摊销，计入成本费用。转让无形资产取得的收入，计入其他收入；转让无形资产的成本，计入其他支出。

三、资产盘点管理

每年年度终了，合作社应当对应收款项、存货、对外投资、农业资产、固定资产、无形资产等资产进行全面检查，对于已发生损失但尚未批准核销的各项资产，应在资产负债表补充资料中予以披露。这些资产包括：确实无法收回的应收款项；盘亏、毁损和报废的存货；无法收回的对外投资；死亡毁损的农业资产；盘亏、毁损和报废的固定资产及在建工程；注销和无效的无形资产。

合作社应当定期或不定期对与资产有关的内部控制制度进行监督检查，对发现的薄弱环节，应当及时采取措施，加以纠正和完善。

第二节　负债管理

负债是过去的交易、事项形成的现时义务，履行该义务预期会导致经济利益流出合作社。合作社的负债分为流动负债和长期负债。

一、流动负债管理

流动负债是指偿还期在 1 年以内（含 1 年）的债务，包括短期借款、应付款项、应付工资、应付盈余返还、应付剩余盈余等。

短期借款主要是指合作社从银行、信用社或其他金融机构，以及外部单位和个人借入的期限在 1 年以下的各种借款。应付款项主要是指合作社与非成员之间发生的各种应付及暂收款项，包括因购买产品物资和接受劳务、服务等应付的款项以及应付的赔款、利息。应付工资是指合作社应支付给管理人员及固定员工的工资总额，包括在工资总额内的各种工资、奖金、津贴、补助等；合作社支付给临时人员的报酬，不通过应付工资核算。应付盈余返还是指合作社按成员与本社交易量（额）比例返还给成员的盈余，返还给成员的盈余不得低于可分配盈余的 60%。应付剩余盈余是指合作社以成员账户中记载的出资额和公积金份额，以及本社接受国家财政直接补助和他人捐赠形成的财产平均量化到本社成员的份额，按比例分配给本社成员的剩余可分配盈余。

二、长期负债管理

长期负债是指偿还期超过 1 年以上（不含 1 年）的债务，包括长期借款、专项应付款等。长期借款主要是指合作社从银行、信用社或其他金融机构，以及外部单位和个人借入的期限在 1 年以上（不含1年）的各种借款。专项应付款是指合作社接受国家财政直接补助的资金。

合作社的负债按实际发生的数额计价，利息支出计入其他支出。对因债权人特殊原因确实无法支付的应付款项，计入其他收入。

合作社要加强借款业务管理，明确审批人和经办人的权限、程序、责任和相关控制措施。不得由同一人办理借款业务的全过程。合作社应当对借款业务按章程规定进行决策和审批，并保留完整的书面记录。合作社应当在借款各环节设置相关的记录、填制相应的凭证，并加强有关单据和凭证的相互核对工作。合作社应当加强对借款合同等文件和凭证的管理。合作社应当定期或不定期对借款业务内部控制进行监督检查，对发现的薄弱环节，应及时采取措施，加以纠正和完善。

第三节　所有者权益管理

所有者权益是合作社所有者在合作社享有的经济利益，其金额为资产减去负债后的余额。合作社的所有者权益包括股金、专项基金、资本公积、盈余公积、未分配盈余等。股金是合作社通过成员入社出资、投资入股、公积金转增等形成的。专项基金是合作社通过国家财政直接补助转入和他人捐赠形成的。资本公积是成员入社投入的，但不能构成"股金"的货币资金和实物资产。合作社收到成员入社投入的资产，应按双方确认的价值计入相关资产，按享有合作社注册资本的份额计入股金，双方确认的价值与按享有合作社注册资本的份额计算的金额的差额，计入资本公积。盈余公积是合作社按照章程规定或成员大会决定，从当年盈余中提取的具有专门用途的基金。未分配盈余是合作社留于以后年度分配的盈余，其计算公式如下：

未分配盈余＝本年盈余+年初未分配盈余−本年已分配盈余

合作社的本年盈余计算公式如下：

本年盈余＝经营收益+其他收入−其他支出

其中，

经营收益＝经营收入+投资收益−经营支出−管理费用

投资收益是指投资所取得的收益扣除发生的投资损失后的数额，包括对外投资分得的利润、现金股利和债券利息，以及投资到期收回或者中途转让取得款项高于账面余额的差额等。投资损失包括投资到期收回或者中途转让取得款项低于账面余额的差额。

合作社在进行年终盈余分配工作以前，要准确地核算全年的收入和支出；清理财产和债权、债务，真实完整地登记成员个人账户。

第四节　收入与成本费用管理

一、收入管理

合作社的经营收入是指合作社为成员提供农业生产资料的购买，农产品的销售、加工、运输、贮藏以及与农业生产经营有关的技术、信息等服务取得的收入，以及销售合作社自己生产的产品、对非成员提供劳务等取得的收入。合作社一般应于产品物资已经发出，服务已经提供，同时收讫价款或取得收取价款的凭据时，确认经营收入的实现。

合作社的其他收入是指除经营收入以外的收入。如罚款收入、违约金收入、存款利息收入等。

合作社按照《农民专业合作社财务会计制度（试行）》建立健全各种会计账簿，进行会计核算；合作社的所有收入一律纳入账内核算，不准设账外账，合作社的收入业务使用专门的收据，不准匿报收入，等等。

合作社要加强销售业务管理，明确审批人和经办人的权限、程序、责任和相关控制措施。合作社应当按照规定的程序办理销售和发货业务。应当在销售与发货各环节设置相关的记录、填制相应的凭证，并加强有关单据和凭证的相互核对工作。合作社应当按照有关规定及时办理销售收款业务，应将销售收入及时入账，不得账外设账。合作社应当加强销售合同、发货凭证、销售发票等文件和凭证的管理。

二、成本费用管理

合作社要加强采购业务管理，明确审批人和经办人的权限、程序、责任和相关控制措施。合作社应当按照规定的程序办理采购与付款业务。应当在采购与付款各环节设置相关的记录、填制相应的凭证，并加强有关单据和凭证的相互核对工作。在办理付款业务时，应当对采购发票、结算凭证、验收证明等相关凭证进行严格审核。合作社应当加强对采购合同、验收证明、入库凭证、采购发票等文件和凭证的管理。

1. 生产成本

合作社的生产成本是指合作社直接组织生产或对非成员提供劳务等活动所发生的各项生产费用和劳务成本。

2. 经营支出

合作社的经营支出是指合作社为成员提供农业生产资料的购买、农产品的销售、加工、运输、贮藏以及与农业生产经营有关的技术、信息等服务发生的实际支出，以及因销售合作社自己生产的产品、对非成员提供劳务等活动发生的实际成本。

3. 管理费用

管理费用是指合作社管理活动发生的各项支出，包括管理人员的工资、办公费、差旅费、管理用固定资产的折旧、业务招待费、无形资产摊销等。

4. 其他支出

其他支出是指合作社除经营支出、管理费用以外的支出。

第五节 盈余分配管理

弥补亏损、提取公积金后的当年盈余，为农民专业合作社的可分配盈余。可分配盈余主要按照成员与本社的交易量（额）比例返还。

可分配盈余按成员与本社的交易量（额）比例返还的总额不得低于可分配盈余的60%；返还后的剩余部分，以成员账户中记载的出资额和公积金份额，以及本社接受国家财政直接补助和他人捐赠形成的财产平均量化到成员的份额，按比例分配给本社成员。

经成员大会或者成员代表大会表决同意，可以将全部或者部分可分配盈余转为对农民专业合作社的出资，并记载在成员账户中。

具体分配办法按照章程规定或者经成员大会决议确定。

农民专业合作社的理事长或者理事会应当按照章程规定，组织编制年度业务报告、盈余分配方案、亏损处理方案以及财务会计报告，于成员大会召开的15日前，置备于办公地点供成员查阅。

第六节 合作社成员账户管理

根据《农民专业合作社法》相关规定，农民专业合作社成立后，应当为每位成员设立成员账户，记载成员的出资额、公积金量化金额、国家财政扶持资金和接受他人捐赠量化金额、成员交易情况及盈余分配情况。

第一，出资额管理。农民专业合作社成员可以货币、实物、知识产权及其他非货币财产作价出资，出资额应记载于成员账户中。

第二，国家财政扶持资金和接受捐赠量化金额管理。农民专业合作社接受的国家财政直接补助和他人捐赠，均按章程规定的方法确定的金额入账，作为本社的资金（产），按照规定用途和捐赠者意愿用于本社的发展；所形成的财产平均量化为成员份额（该份额作为合作社成员参与剩余盈余分配的比例依据），并记载在成员个人账户中，但成员在中途退社时不能退还这部分资金形成的财产。在解散、破产清算时，由国家财政直接补助形成的财产，不得作为可分配剩余资产分配给成员，处置办法按照国家有关规定执行；接受他人的捐赠，与捐赠者另有约定的，按约定办法处置。

第三，成员与合作社之间的产品交易明细情况应如实记录在《农民专业合作社成员交易明细账》中，同时可根据实际需要将明细或总体情况在成员账户中予以记载，作为合作社盈余分配和剩余盈余分配的依据。产品交易的账务处理需通过成员往来科目进行核算。

具体分配办法按照章程规定或者经成员大会决议确定。

参考文献

胡苗忠，2014. 农民专业合作社财务会计实务［M］. 杭州：浙江工商大学出版社.

黄恒福，银仲智，2015. 农民专业合作社财务管理［M］. 北京：中国农业科学技术出版社.

钱润红，胡北忠，邱静，2016. 会计学［M］. 北京：科学出版社.

上海市农业广播电视学校，2019. 农民专业合作社财务核算实操［M］. 北京：中国农业出版社.

王玉华，贾晓娟，2017. 农民专业合作社会计实务［M］. 北京：中国农业出版社.

徐彩玲，赵展军，2017. 农民专业合作社建设管理［M］. 北京：金盾出版社.

左晓斌，2013. 农民专业合作社财务管理与会计［M］. 北京：科学普及出版社.

附录 《中华人民共和国农民专业合作社法》

(2006年10月31日第十届全国人民代表大会常务委员会第二十四次会议通过 2017年12月27日第十二届全国人民代表大会常务委员会第三十一次会议修订)

目 录

第一章　总　则
第二章　设立和登记
第三章　成　员
第四章　组织机构
第五章　财务管理
第六章　合并、分立、解散和清算
第七章　农民专业合作社联合社
第八章　扶持措施
第九章　法律责任
第十章　附　则

附录 《中华人民共和国农民专业合作社法》

第一章 总 则

第一条 为了规范农民专业合作社的组织和行为，鼓励、支持、引导农民专业合作社的发展，保护农民专业合作社及其成员的合法权益，推进农业农村现代化，制定本法。

第二条 本法所称农民专业合作社，是指在农村家庭承包经营基础上，农产品的生产经营者或者农业生产经营服务的提供者、利用者，自愿联合、民主管理的互助性经济组织。

第三条 农民专业合作社以其成员为主要服务对象，开展以下一种或者多种业务：

（一）农业生产资料的购买、使用；

（二）农产品的生产、销售、加工、运输、贮藏及其他相关服务；

（三）农村民间工艺及制品、休闲农业和乡村旅游资源的开发经营等；

（四）与农业生产经营有关的技术、信息、设施建设运营等服务。

第四条 农民专业合作社应当遵循下列原则：

（一）成员以农民为主体；

（二）以服务成员为宗旨，谋求全体成员的共同利益；

（三）入社自愿、退社自由；

（四）成员地位平等，实行民主管理；

（五）盈余主要按照成员与农民专业合作社的交易量（额）比例返还。

第五条 农民专业合作社依照本法登记,取得法人资格。

农民专业合作社对由成员出资、公积金、国家财政直接补助、他人捐赠以及合法取得的其他资产所形成的财产,享有占有、使用和处分的权利,并以上述财产对债务承担责任。

第六条 农民专业合作社成员以其账户内记载的出资额和公积金份额为限对农民专业合作社承担责任。

第七条 国家保障农民专业合作社享有与其他市场主体平等的法律地位。

国家保护农民专业合作社及其成员的合法权益,任何单位和个人不得侵犯。

第八条 农民专业合作社从事生产经营活动,应当遵守法律,遵守社会公德、商业道德,诚实守信,不得从事与章程规定无关的活动。

第九条 农民专业合作社为扩大生产经营和服务的规模,发展产业化经营,提高市场竞争力,可以依法自愿设立或者加入农民专业合作社联合社。

第十条 国家通过财政支持、税收优惠和金融、科技、人才的扶持以及产业政策引导等措施,促进农民专业合作社的发展。

国家鼓励和支持公民、法人和其他组织为农民专业合作社提供帮助和服务。

对发展农民专业合作社事业做出突出贡献的单位和个人,按照国家有关规定予以表彰和奖励。

第十一条 县级以上人民政府应当建立农民专业合作社工作的综合协调机制,统筹指导、协调、推动农民专业合作社的建设和发展。

附录 《中华人民共和国农民专业合作社法》

县级以上人民政府农业主管部门、其他有关部门和组织应当依据各自职责，对农民专业合作社的建设和发展给予指导、扶持和服务。

第二章 设立和登记

第十二条 设立农民专业合作社，应当具备下列条件：

（一）有五名以上符合本法第十九条、第二十条规定的成员；

（二）有符合本法规定的章程；

（三）有符合本法规定的组织机构；

（四）有符合法律、行政法规规定的名称和章程确定的住所；

（五）有符合章程规定的成员出资。

第十三条 农民专业合作社成员可以用货币出资，也可以用实物、知识产权、土地经营权、林权等可以用货币估价并可以依法转让的非货币财产，以及章程规定的其他方式作价出资；但是，法律、行政法规规定不得作为出资的财产除外。

农民专业合作社成员不得以对该社或者其他成员的债权，充抵出资；不得以缴纳的出资，抵销对该社或者其他成员的债务。

第十四条 设立农民专业合作社，应当召开由全体设立人参加的设立大会。设立时自愿成为该社成员的人为设立人。

设立大会行使下列职权：

（一）通过本社章程，章程应当由全体设立人一致通过；

（二）选举产生理事长、理事、执行监事或者监事会成员；

（三）审议其他重大事项。

第十五条 农民专业合作社章程应当载明下列事项：

（一）名称和住所；

（二）业务范围；

（三）成员资格及入社、退社和除名；

（四）成员的权利和义务；

（五）组织机构及其产生办法、职权、任期、议事规则；

（六）成员的出资方式、出资额，成员出资的转让、继承、担保；

（七）财务管理和盈余分配、亏损处理；

（八）章程修改程序；

（九）解散事由和清算办法；

（十）公告事项及发布方式；

（十一）附加表决权的设立、行使方式和行使范围；

（十二）需要载明的其他事项。

第十六条 设立农民专业合作社，应当向工商行政管理部门提交下列文件，申请设立登记：

（一）登记申请书；

（二）全体设立人签名、盖章的设立大会纪要；

（三）全体设立人签名、盖章的章程；

（四）法定代表人、理事的任职文件及身份证明；

（五）出资成员签名、盖章的出资清单；

（六）住所使用证明；

（七）法律、行政法规规定的其他文件。

登记机关应当自受理登记申请之日起二十日内办理完毕，向

附录 《中华人民共和国农民专业合作社法》

符合登记条件的申请者颁发营业执照，登记类型为农民专业合作社。

农民专业合作社法定登记事项变更的，应当申请变更登记。

登记机关应当将农民专业合作社的登记信息通报同级农业等有关部门。

农民专业合作社登记办法由国务院规定。办理登记不得收取费用。

第十七条　农民专业合作社应当按照国家有关规定，向登记机关报送年度报告，并向社会公示。

第十八条　农民专业合作社可以依法向公司等企业投资，以其出资额为限对所投资企业承担责任。

第三章　成　员

第十九条　具有民事行为能力的公民，以及从事与农民专业合作社业务直接有关的生产经营活动的企业、事业单位或者社会组织，能够利用农民专业合作社提供的服务，承认并遵守农民专业合作社章程，履行章程规定的入社手续的，可以成为农民专业合作社的成员。但是，具有管理公共事务职能的单位不得加入农民专业合作社。

农民专业合作社应当置备成员名册，并报登记机关。

第二十条　农民专业合作社的成员中，农民至少应当占成员总数的百分之八十。

成员总数二十人以下的，可以有一个企业、事业单位或者社会组织成员；成员总数超过二十人的，企业、事业单位和社会组织成员不得超过成员总数的百分之五。

第二十一条 农民专业合作社成员享有下列权利：

（一）参加成员大会，并享有表决权、选举权和被选举权，按照章程规定对本社实行民主管理；

（二）利用本社提供的服务和生产经营设施；

（三）按照章程规定或者成员大会决议分享盈余；

（四）查阅本社的章程、成员名册、成员大会或者成员代表大会记录、理事会会议决议、监事会会议决议、财务会计报告、会计账簿和财务审计报告；

（五）章程规定的其他权利。

第二十二条 农民专业合作社成员大会选举和表决，实行一人一票制，成员各享有一票的基本表决权。

出资额或者与本社交易量（额）较大的成员按照章程规定，可以享有附加表决权。本社的附加表决权总票数，不得超过本社成员基本表决权总票数的百分之二十。享有附加表决权的成员及其享有的附加表决权数，应当在每次成员大会召开时告知出席会议的全体成员。

第二十三条 农民专业合作社成员承担下列义务：

（一）执行成员大会、成员代表大会和理事会的决议；

（二）按照章程规定向本社出资；

（三）按照章程规定与本社进行交易；

（四）按照章程规定承担亏损；

（五）章程规定的其他义务。

第二十四条 符合本法第十九条、第二十条规定的公民、企业、事业单位或者社会组织，要求加入已成立的农民专业合作

附录 《中华人民共和国农民专业合作社法》

社，应当向理事长或者理事会提出书面申请，经成员大会或者成员代表大会表决通过后，成为本社成员。

第二十五条 农民专业合作社成员要求退社的，应当在会计年度终了的三个月前向理事长或者理事会提出书面申请；其中，企业、事业单位或者社会组织成员退社，应当在会计年度终了的六个月前提出；章程另有规定的，从其规定。退社成员的成员资格自会计年度终了时终止。

第二十六条 农民专业合作社成员不遵守农民专业合作社的章程、成员大会或者成员代表大会的决议，或者严重危害其他成员及农民专业合作社利益的，可以予以除名。

成员的除名，应当经成员大会或者成员代表大会表决通过。

在实施前款规定时，应当为该成员提供陈述意见的机会。

被除名成员的成员资格自会计年度终了时终止。

第二十七条 成员在其资格终止前与农民专业合作社已订立的合同，应当继续履行；章程另有规定或者与本社另有约定的除外。

第二十八条 成员资格终止的，农民专业合作社应当按照章程规定的方式和期限，退还记载在该成员账户内的出资额和公积金份额；对成员资格终止前的可分配盈余，依照本法第四十四条的规定向其返还。

资格终止的成员应当按照章程规定分摊资格终止前本社的亏损及债务。

第四章 组织机构

第二十九条 农民专业合作社成员大会由全体成员组成，是

· 199 ·

本社的权力机构，行使下列职权：

（一）修改章程；

（二）选举和罢免理事长、理事、执行监事或者监事会成员；

（三）决定重大财产处置、对外投资、对外担保和生产经营活动中的其他重大事项；

（四）批准年度业务报告、盈余分配方案、亏损处理方案；

（五）对合并、分立、解散、清算，以及设立、加入联合社等作出决议；

（六）决定聘用经营管理人员和专业技术人员的数量、资格和任期；

（七）听取理事长或者理事会关于成员变动情况的报告，对成员的入社、除名等作出决议；

（八）公积金的提取及使用；

（九）章程规定的其他职权。

第三十条　农民专业合作社召开成员大会，出席人数应当达到成员总数三分之二以上。

成员大会选举或者作出决议，应当由本社成员表决权总数过半数通过；作出修改章程或者合并、分立、解散，以及设立、加入联合社的决议应当由本社成员表决权总数的三分之二以上通过。章程对表决权数有较高规定的，从其规定。

第三十一条　农民专业合作社成员大会每年至少召开一次，会议的召集由章程规定。有下列情形之一的，应当在二十日内召开临时成员大会：

（一）百分之三十以上的成员提议；

附录 《中华人民共和国农民专业合作社法》

（二）执行监事或者监事会提议；

（三）章程规定的其他情形。

第三十二条 农民专业合作社成员超过一百五十人的，可以按照章程规定设立成员代表大会。成员代表大会按照章程规定可以行使成员大会的部分或者全部职权。

依法设立成员代表大会的，成员代表人数一般为成员总人数的百分之十，最低人数为五十一人。

第三十三条 农民专业合作社设理事长一名，可以设理事会。理事长为本社的法定代表人。

农民专业合作社可以设执行监事或者监事会。理事长、理事、经理和财务会计人员不得兼任监事。

理事长、理事、执行监事或者监事会成员，由成员大会从本社成员中选举产生，依照本法和章程的规定行使职权，对成员大会负责。

理事会会议、监事会会议的表决，实行一人一票。

第三十四条 农民专业合作社的成员大会、成员代表大会、理事会、监事会，应当将所议事项的决定作成会议记录，出席会议的成员、成员代表、理事、监事应当在会议记录上签名。

第三十五条 农民专业合作社的理事长或者理事会可以按照成员大会的决定聘任经理和财务会计人员，理事长或者理事可以兼任经理。经理按照章程规定或者理事会的决定，可以聘任其他人员。

经理按照章程规定和理事长或者理事会授权，负责具体生产经营活动。

第三十六条 农民专业合作社的理事长、理事和管理人员不得有下列行为：

（一）侵占、挪用或者私分本社资产；

（二）违反章程规定或者未经成员大会同意，将本社资金借贷给他人或者以本社资产为他人提供担保；

（三）接受他人与本社交易的佣金归为己有；

（四）从事损害本社经济利益的其他活动。

理事长、理事和管理人员违反前款规定所得的收入，应当归本社所有；给本社造成损失的，应当承担赔偿责任。

第三十七条 农民专业合作社的理事长、理事、经理不得兼任业务性质相同的其他农民专业合作社的理事长、理事、监事、经理。

第三十八条 执行与农民专业合作社业务有关公务的人员，不得担任农民专业合作社的理事长、理事、监事、经理或者财务会计人员。

第五章 财务管理

第三十九条 农民专业合作社应当按照国务院财政部门制定的财务会计制度进行财务管理和会计核算。

第四十条 农民专业合作社的理事长或者理事会应当按照章程规定，组织编制年度业务报告、盈余分配方案、亏损处理方案以及财务会计报告，于成员大会召开的十五日前，置备于办公地点，供成员查阅。

第四十一条 农民专业合作社与其成员的交易、与利用其提供的服务的非成员的交易，应当分别核算。

第四十二条 农民专业合作社可以按照章程规定或者成员大会决议从当年盈余中提取公积金。公积金用于弥补亏损、扩大生产经营或者转为成员出资。

每年提取的公积金按照章程规定量化为每个成员的份额。

第四十三条 农民专业合作社应当为每个成员设立成员账户，主要记载下列内容：

（一）该成员的出资额；

（二）量化为该成员的公积金份额；

（三）该成员与本社的交易量（额）。

第四十四条 在弥补亏损、提取公积金后的当年盈余，为农民专业合作社的可分配盈余。可分配盈余主要按照成员与本社的交易量（额）比例返还。

可分配盈余按成员与本社的交易量（额）比例返还的返还总额不得低于可分配盈余的百分之六十；返还后的剩余部分，以成员账户中记载的出资额和公积金份额，以及本社接受国家财政直接补助和他人捐赠形成的财产平均量化到成员的份额，按比例分配给本社成员。

经成员大会或者成员代表大会表决同意，可以将全部或者部分可分配盈余转为对农民专业合作社的出资，并记载在成员账户中。

具体分配办法按照章程规定或者经成员大会决议确定。

第四十五条 设立执行监事或者监事会的农民专业合作社，由执行监事或者监事会负责对本社的财务进行内部审计，审计结果应当向成员大会报告。

成员大会也可以委托社会中介机构对本社的财务进行审计。

第六章　合并、分立、解散和清算

第四十六条　农民专业合作社合并，应当自合并决议作出之日起十日内通知债权人。合并各方的债权、债务应当由合并后存续或者新设的组织承继。

第四十七条　农民专业合作社分立，其财产作相应的分割，并应当自分立决议作出之日起十日内通知债权人。分立前的债务由分立后的组织承担连带责任。但是，在分立前与债权人就债务清偿达成的书面协议另有约定的除外。

第四十八条　农民专业合作社因下列原因解散：

（一）章程规定的解散事由出现；

（二）成员大会决议解散；

（三）因合并或者分立需要解散；

（四）依法被吊销营业执照或者被撤销。

因前款第一项、第二项、第四项原因解散的，应当在解散事由出现之日起十五日内由成员大会推举成员组成清算组，开始解散清算。逾期不能组成清算组的，成员、债权人可以向人民法院申请指定成员组成清算组进行清算，人民法院应当受理该申请，并及时指定成员组成清算组进行清算。

第四十九条　清算组自成立之日起接管农民专业合作社，负责处理与清算有关未了结业务，清理财产和债权、债务，分配清偿债务后的剩余财产，代表农民专业合作社参与诉讼、仲裁或者其他法律程序，并在清算结束时办理注销登记。

第五十条　清算组应当自成立之日起十日内通知农民专业合

附录 《中华人民共和国农民专业合作社法》

作社成员和债权人,并于六十日内在报纸上公告。债权人应当自接到通知之日起三十日内,未接到通知的自公告之日起四十五日内,向清算组申报债权。如果在规定期间内全部成员、债权人均已收到通知,免除清算组的公告义务。

债权人申报债权,应当说明债权的有关事项,并提供证明材料。清算组应当对债权进行审查、登记。

在申报债权期间,清算组不得对债权人进行清偿。

第五十一条 农民专业合作社因本法第四十八条第一款的原因解散,或者人民法院受理破产申请时,不能办理成员退社手续。

第五十二条 清算组负责制定包括清偿农民专业合作社员工的工资及社会保险费用,清偿所欠税款和其他各项债务,以及分配剩余财产在内的清算方案,经成员大会通过或者申请人民法院确认后实施。

清算组发现农民专业合作社的财产不足以清偿债务的,应当依法向人民法院申请破产。

第五十三条 农民专业合作社接受国家财政直接补助形成的财产,在解散、破产清算时,不得作为可分配剩余资产分配给成员,具体按照国务院财政部门有关规定执行。

第五十四条 清算组成员应当忠于职守,依法履行清算义务,因故意或者重大过失给农民专业合作社成员及债权人造成损失的,应当承担赔偿责任。

第五十五条 农民专业合作社破产适用企业破产法的有关规定。但是,破产财产在清偿破产费用和共益债务后,应当优先清偿破产前与农民成员已发生交易但尚未结清的款项。

第七章　农民专业合作社联合社

第五十六条　三个以上的农民专业合作社在自愿的基础上，可以出资设立农民专业合作社联合社。

农民专业合作社联合社应当有自己的名称、组织机构和住所，由联合社全体成员制定并承认的章程，以及符合章程规定的成员出资。

第五十七条　农民专业合作社联合社依照本法登记，取得法人资格，领取营业执照，登记类型为农民专业合作社联合社。

第五十八条　农民专业合作社联合社以其全部财产对该社的债务承担责任；农民专业合作社联合社的成员以其出资额为限对农民专业合作社联合社承担责任。

第五十九条　农民专业合作社联合社应当设立由全体成员参加的成员大会，其职权包括修改农民专业合作社联合社章程，选举和罢免农民专业合作社联合社理事长、理事和监事，决定农民专业合作社联合社的经营方案及盈余分配，决定对外投资和担保方案等重大事项。

农民专业合作社联合社不设成员代表大会，可以根据需要设立理事会、监事会或者执行监事。理事长、理事应当由成员社选派的人员担任。

第六十条　农民专业合作社联合社的成员大会选举和表决，实行一社一票。

第六十一条　农民专业合作社联合社可分配盈余的分配办法，按照本法规定的原则由农民专业合作社联合社章程规定。

附录 《中华人民共和国农民专业合作社法》

第六十二条 农民专业合作社联合社成员退社，应当在会计年度终了的六个月前以书面形式向理事会提出。退社成员的成员资格自会计年度终了时终止。

第六十三条 本章对农民专业合作社联合社没有规定的，适用本法关于农民专业合作社的规定。

第八章　扶持措施

第六十四条 国家支持发展农业和农村经济的建设项目，可以委托和安排有条件的农民专业合作社实施。

第六十五条 中央和地方财政应当分别安排资金，支持农民专业合作社开展信息、培训、农产品标准与认证、农业生产基础设施建设、市场营销和技术推广等服务。国家对革命老区、民族地区、边疆地区和贫困地区的农民专业合作社给予优先扶助。

县级以上人民政府有关部门应当依法加强对财政补助资金使用情况的监督。

第六十六条 国家政策性金融机构应当采取多种形式，为农民专业合作社提供多渠道的资金支持。具体支持政策由国务院规定。

国家鼓励商业性金融机构采取多种形式，为农民专业合作社及其成员提供金融服务。

国家鼓励保险机构为农民专业合作社提供多种形式的农业保险服务。鼓励农民专业合作社依法开展互助保险。

第六十七条 农民专业合作社享受国家规定的对农业生产、加工、流通、服务和其他涉农经济活动相应的税收优惠。

第六十八条 农民专业合作社从事农产品初加工用电执行农

业生产用电价格，农民专业合作社生产性配套辅助设施用地按农用地管理，具体办法由国务院有关部门规定。

第九章 法律责任

第六十九条 侵占、挪用、截留、私分或者以其他方式侵犯农民专业合作社及其成员的合法财产，非法干预农民专业合作社及其成员的生产经营活动，向农民专业合作社及其成员摊派，强迫农民专业合作社及其成员接受有偿服务，造成农民专业合作社经济损失的，依法追究法律责任。

第七十条 农民专业合作社向登记机关提供虚假登记材料或者采取其他欺诈手段取得登记的，由登记机关责令改正，可以处五千元以下罚款；情节严重的，撤销登记或者吊销营业执照。

第七十一条 农民专业合作社连续两年未从事经营活动的，吊销其营业执照。

第七十二条 农民专业合作社在依法向有关主管部门提供的财务报告等材料中，作虚假记载或者隐瞒重要事实的，依法追究法律责任。

第十章 附则

第七十三条 国有农场、林场、牧场、渔场等企业中实行承包租赁经营、从事农业生产经营或者服务的职工，兴办农民专业合作社适用本法。

第七十四条 本法自2018年7月1日起施行。